持ち家が正解！

賃貸vs.購入論争
データを見れば答えは出ている

麗澤大学 未来工学研究センター教授
宗 健

日経BP

はじめに

はじめに断っておくが、この本の主題は賃貸住宅を否定することではない。人生100年時代を迎え、多くの普通に暮らす人々にとっては、持ち家のほうが安心して高齢期を暮らせる可能性が高いと思う。しかし、家を買うか、賃貸住宅に住むかの判断は個々人の選択に委ねられるし、様々な事情で賃貸住宅を選ばざるを得ない場合もある。

一方、賃貸住宅のオーナーの多くが持ち家に住んでいるのは、誰も否定しないだろう。賃貸住宅オーナーは、賃貸住宅派というわけではない。賃貸住宅を必要とする人がいて、その需要に応えることに経済合理性と社会性があると判断して、賃貸住宅のオーナーになることを選択したにすぎない。

こうした邪心のない賃貸住宅オーナーがいるかたわらで、「持ち家はリスクだ」「賃貸住宅で自由に暮らそう」と主張する人々がいる。そんな主張をする人たちを実際に知っているが、その多くは実は持ち家に住んでいる。ごく少数の賃貸住宅に住んでいる人たちも家賃を経費で落としていることが多いようで、とても普通に賃貸暮らしをしているとはいえない。

こうした極端な原理主義ともいえるような、あおることで収益を上げるような偽善的な住まいに関する言説に対して、データに基づいた事実と解釈を伝えることが本書の目的である。

誰にとっても身近な話題なこともあって、不動産に関する言説にはキャッチーで関心を引くようなものが多い。

例えば、「日本では新築信仰が強く、中古住宅の流通が欧米に比べて極端に少ない」「日本の住宅寿命は30年程度で、スクラップ&ビルドをいまだに繰り返している」「東京都内にすら大量の空き家があり、空き家問題は喫緊の社会問題である」「すでに大量の空き家があるのだから、賃貸住宅経営は危ない」「終身雇用が崩壊した現代では、住宅ローンはリスクでしかない」「地域のコミュニティーは大切であり、イオンのようなショッピングセンターよりも商店街を再生すべきである」「子どもは豊かな自然に囲まれてゆったり育てるべきだ」「人が多くゴミゴミした東京よりも、自然豊かで人との触れあいがある地方で豊かに暮らそう」といった言説である。

こうした言説の多くは、データに基づく根拠がないか、曖昧であることが多い。データがあったとしても、都合のよいデータだけを取り入れている場合もある。

取材と称した個別事例を積み上げ、その個別事例を全体の法則であるかのように論理を飛躍させることも多い。こうした表現方法を「極端な事例による構成」（Extreme Case Formulation, ECF）と言い、筆者は「個別事例の安易な一般化」と言っている。

もっともなように聞こえる、当たり前だとも思える言説に疑いを持ち、データを基に検証する、というのは研究者に必要な基本的なスタンスの一つだと考えている。

そうしたスタンスでこの10年近くの間に研究や検証してきたものを、日経ビジネス電子版に2020年12月から2023年4月まで52回にわたって連載してきた。本書は、その連載の原稿を再編集して構成している。

本書で取り扱われる一つひとつの話題を論じるにあたって、できる限り客観的なデータを示すようにしているが、もちろん本書で書かれたことが絶対的な正解というわけではない。

科学研究の歴史は、常に真理を追究してきたことによって進歩してきた。新しいデータが得られるようになり、それによって過去、正解とされたことが覆されてきた歴史でもある。

本書で取り扱う話題にも、時間が経てば結論が変わるものがあるかもしれない。それでも、自分自身の思い込みを見直し、豊かな人生を送るためのヒントになれば素直にうれしいと思う。

本書では都会に住むことの良さを解説しているが、様々な事情によって住む場所を自由に選択できない場合や、地方の生まれ育った土地をこよなく愛する人たちを否定しているわけではないことも念のため申し添えておく。

住まいは幸せの2割を占めるほど人生に大きな影響がある。みなさんの住まい選びの役に立てば、本書の役割は達成されたと言えるだろう。

目次

第4章 本当に住み続けたい街を探すには　135

第5章 実際に住んでいる人が選んだ「住みごこちのいい街」　173

第1章

持ち家vs.賃貸論争 結論は出ている

持ち家vs.賃貸論争、データを見れば結論は出ている

住宅情報サイトだけでなく、様々なウェブサイトで不動産関連の鉄板記事となっているのが「持ち家か賃貸か」という議論だ。しかし多くの記事は結局、結論を出さないまま、読者に判断を任せて終わるものが多いように思う。しかし筆者が統計データを分析した結果、結論は明白だ。世の中の実態を見れば、持ち家に軍配が上がる。

なぜ賃貸よりも持ち家のほうがいいのか

持ち家と賃貸のどちらがいいのかを考えるときに、よくいわれるのは次のような点だ。

・前提条件をどうするかによって結果が大きく異なるので、持ち家と賃貸のどちらが経済的に得

かは断言できない

・持ち家にも賃貸にも、それぞれメリットとデメリットがあるので、一概にどちらがいいとはいえない
・コストだけではなく、将来の暮らし方などライフスタイルによって、持ち家か賃貸かを選ぶべきである

さらに、経済合理性を前面に出して、「利便性が高く資産価値が維持されやすい都心の新築マンションを一定期間ごとに買い替えるのがいい」という意見や、「自宅は購入せず、同じ金額を借りて投資用物件を購入して賃貸に住むのがいい」といった意見もある。

これらの意見には一定の合理性があり、もっともだと思う部分もあるが、実際にこうした選択が可能なほどの収入や信用力、資産運用能力、経営能力がある人は多いとはいえず、一般的な選択肢とはなりにくい。

ここで持ち家と賃貸について、一般的に言われていることを整理しておこう。

持ち家は、

・住宅ローン完済後の住居費が抑えられる
・資産価値は場合によって大きく下がることもあれば、一定の資産となる場合もある
・賃貸のように簡単には引っ越しできない

賃貸は、
・高齢になるほど借りにくく、家賃をずっと払い続ける必要がある
・多額のローンを抱えているという心理的不安はないが、資産としては残らない
・収入や家族状況等に応じて自由に引っ越しができる

では、持ち家のほうがいいと私が考えるのはなぜだろうか。

それは、論理的に導き出すよりも、世の中の実態を見ればすぐに明らかになる。人々の行動の結果が競争の結果であり、合理的な選択だと判断できる、というもので、経済学では「足による投票」と呼ぶ。

2018年の住宅・土地統計調査（以下「住調」）によれば、持ち家率は全年齢対象で61％。当然、年齢によって大きく違う。20歳代は6・4％、30歳代は35・7％、40歳代は57・6％、50

歳代は67・6％、60歳以上は79・8％と、年齢の上昇とともに持ち家率は上がっていく。

そして、国立社会保障・人口問題研究所が2016年に実施した第8回人口移動調査によれば、5年前の居住地が現住地と異なる人の割合は、25～34歳では50％を超える。これは毎年約10％の人が引っ越していることを意味するが、年齢が高くなると急激に低下する。45歳では20％を下回り、引っ越し率は年率で4％未満になる。

この結果を素直に判断すれば、世の中の人々は持ち家を選択する人が圧倒的に多く、中高年になればほとんど引っ越さなくなる、ということになる。世の中の人々の行動の結果では、持ち家・賃貸論争は、持ち家派の勝利という結果になっているのである。

ではなぜ、賃貸ではなく持ち家を選択する人が多いのだろうか。

持ち家は、自分を顧客とした最も確実性の高い賃貸事業

筆者も関与した一般社団法人不動産流通経営協会の「50平方メートル未満の住宅の居住満足度・住宅購入がライフスタイルに与える影響に関する調査」（2018年）の結果を見ると、持ち家を購入した理由の1位は「家賃を払い続けるのはもったいないから」で54・5％（複数回

答）を占めている。住宅を購入したい理由でも1位は同じ理由で22・6％（同）を占めている。

世の中の多くの人が持っているこの感覚は正しい。なぜなら持ち家には、家賃に含まれている次のコストがないからである。

・家賃には、家主の利益が含まれている（持ち家は自分のものだから利益は乗せない）
・家賃には、自分は滞納しないとしても他の人が滞納した場合のコストが全体として含まれている（持ち家は自分で払うので他人の滞納リスクは負担しない）
・家賃には、空室コストが含まれている（持ち家は自分で住むので空室コストはない）
・家賃には、入居者が入れ替わるときに家主が負担する原状回復コストや入居者募集コスト、管理コストが含まれている（持ち家にはそうしたコストは発生しない。ただしリフォームコストは発生する場合がある）
・賃貸物件のためのローン金利は持ち家のローン金利よりも高く、その差額分は家賃に乗せられている。

つまり簡単に言えば、持ち家とは「一般の賃貸事業よりも金利の優遇等がある、自分自身を顧客にした極めて有利な確実性の高い賃貸事業」なのだ。大家が得る利益は自分のものになり、その分だけ賃貸よりも経済的に有利になるというシンプルな話である。

持ち家は本当にノーリスクなのか

こう話すと、「住宅ローンを返せなくなったら大変だ」「実際に住宅ローンが払えなくなり、物件を売却してもローンを返済することができなかった、といった例もあるではないか」という意見が出てくるだろう。しかし、これはECF（Extreme Case Formulation＝極端な事例による構成）といわれる表現手法であり、それが起きる確率を無視している。要は個別事例の安易な一般化にすぎない、ということである。

筆者の2014年の論文「民間賃貸住宅における家賃滞納の定量分析」では、家賃滞納率は件数ベースで3・5％程度、破綻していると言ってよい4カ月以上の滞納率は1％弱あることが示されている。

一方、住宅ローンの滞納率はどうか。住宅金融支援機構の2020年度投資家向け説明資料によれば、延滞債権の総貸付残高に占める比率は1・26％であり、破綻先債権額の総貸付残高に占める比率は0・27％にすぎない。

しかも、収入が減少したからといって家賃を減額してくれるケースは、公的住宅を除けばほとんどないと思われるが、住宅ローンの場合には貸し出し条件緩和という措置がある。前述した住宅金融支援機構の資料によれば、金額ベースで1・67％が条件緩和措置の適用を受けている。メガバンク等の場合には住宅ローンの審査が住宅金融支援機構よりも厳しいと考えられ、住宅ローン全体で見れば、おそらく破綻率は極めて低い水準にとどまるだろう。

住宅ローンのリスクを高いとみるか低いとみるか、個人によって判断が分かれるとは思うが、少なくとも、住宅ローンの滞納率は家賃の滞納率よりも低いことは確実だろう。この違いは、家賃は安易に滞納する人が多いことに対して、住宅ローンは強い義務感を伴ういわば強制的な貯金に近いという理由もあるだろう。

そして、住宅ローンの審査に通過するということは、金融機関が、あなたの人生が確率的にある程度うまくいくであろう、と認めたということでもある。

住宅ローンに関しては、第2章で詳しく論ずるので参考にしてほしい。

高齢者は家を借りにくい。それは今後も続く

高齢化で世界のトップランナーである日本においては今後、高齢者の住まいをどうするかという問題を避けては通れない。

持ち家の場合は、例えば夫35歳、妻30歳の時に家を購入したとして、50歳の時の平均余命（2020年時点）を考慮すると、夫は83歳になるまでの約50年、妻の立場で考えれば88歳になるまでの約60年間、住まいを確保しなければならないことになる。35年ローンで家を買ったとすると夫70歳、妻65歳の時点で返済が終了する。妻はその後の約25年間は家賃の心配はする必要がなくなる。この安心感が持ち家の大きなメリットといえるだろう。

しかし、賃貸住宅に住み続ける場合にはそうはいかない。未来の不動産市場の状況を予測することは困難だが、現状では夫60歳、妻55歳で家を借りることは、ややハードルが高くなっている。そして、例えば夫が85歳で亡くなったときに80歳の妻が新たに小さな部屋を借りることは極めて難しい。

民間賃貸住宅市場で高齢者に部屋を貸したがらないのには、大きく三つの要因がある。

一つは、家賃滞納リスクである。高齢賃貸住宅居住世帯は十分な金融資産を保有していないケースがあり、必ずしも余裕があるとはいえない年金受給額から家賃を支払っている。ひとたび家賃滞納が始まれば正常化することが困難だと判断される。

二つ目の要因は死亡時の対応にある。夫婦での入居の場合には、亡くなったことに誰も気づかない、いわゆる孤独死のリスクはあまりないが、単身入居の場合には孤独死の可能性がつきまとう。そして、発見が遅れれば部屋自体の原状回復に多額の費用がかかり、告知義務が発生し家賃も下落することになる。

そして三つ目の要因が実は最も構造的な課題を含んでいる。「賃貸借契約は相続される」ということだ。

現状の借地借家法は第2次世界大戦時に源流があり、出征者の家族の住まいを安定させるために借家人ができる限り住み続けられるように設計されている。賃貸借契約が相続されるのも戦死者の家族が借家に住み続けられることを担保するという背景があった。しかし、戦後78年を経て、賃貸借契約が相続される社会的意義はかなり薄れたにもかかわらず制度は変わっていない。

そのため、厳密に法律を守ろうとすると、次のようなことが起きる。

借家人が死亡しても、相続人全員による相続手続きが完了するまでは、賃貸借契約は解除できず、部屋にある物品にも手を付けられない。その間の家賃収入は途絶え、場合によっては相続放棄となり、それまでの家賃収入も残置物の処理費用もすべてが貸主の負担になることもある。

こうした状況を変えようと2011年に改正された「高齢者の居住の安定確保に関する法律

（高齢者居住安定確保法）」では、「終身建物賃貸借制度」が新設されたが、この制度の適用を受けるには都道府県知事の認可が必要であり、事実上数十年にわたって建物の用途が固定化されるためほとんど普及していない。

いや、公営住宅があるではないか、という指摘もあるだろうが、多くの公営住宅は老朽化しており建て替えもままならずその数を減らし続けている。しかも、公営住宅の立地は限られており、場所を選ぶのが難しい。

さらに、いやいや、大量の空き家があることが社会問題化しているのだから、いずれ借りやすくなるだろう、という意見もあるかもしれない。しかし258ページのコラムでも触れるように、実は空き家は問題になるほど存在しない可能性が高い。

高齢者が家を借りにくい状況は、今後も続く。持ち家か賃貸かを考える上で、このことは無視できないだろう。

持ち家率は低下している。それでも「賃貸なら自由な人生」とはいかない

前述の通り、複数のデータから、賃貸よりも持ち家のほうがいいのは自明の理だと筆者は考える。しかし冒頭で紹介した住調のデータを20年さかのぼり、1998年と2018年を比較してみると、実は近年、持ち家率が下がっているのが実態だ。

2018年の住調のデータを再度、確認しておこう。持ち家率は全年齢対象で61％。20歳代は6・4％、30歳代は35・7％、40歳代は57・6％、50歳代は67・6％、60歳以上は79・8％となっており、年齢の上昇とともに持ち家率は上がっていく。ただし年齢による持ち家率の上昇幅は、20年前よりも緩やかになっている。

全体の持ち家率は1998年の60％が2018年には61％と大きく変わっていない。ただし総世帯数自体が4421万世帯から5393万世帯と20年間で約20％増加しており、しかも持ち家率の高い高齢者世帯が増加している点を考慮する必要がある。40歳代に限れば持ち家率は199

8年の66・6％から2018年には57・6％と9・0ポイント低下し、50歳代では同様に74・9％が67・6％と7・3ポイント低下しているのだ。

では、なぜ持ち家率が低下しているのだろうか。

賃貸住宅に住む高齢者の約3割が生活保護を受給している

一つ考えられるのは、「家を買えない人々が増えているのではないか」ということだ。進学や就職といった機会に一人暮らしを始める場合は、多くの場合、賃貸住宅で新しい生活が始まる。その後、結婚や子どもの誕生をきっかけに住宅を購入する人が多い。しかし、どんなに持ち家のほうが経済的に有利で、老後の安心感をもたらすとしても、住宅購入の頭金を用意するだけの経済的余裕がない、住宅ローンの審査を通過できない、などの理由を抱えていることもある。

老後の生活水準を判断することができる指標として生活保護受給の状況を見ると、高齢賃貸住宅居住世帯の受給率が非常に高くなっていることが分かる。厚生労働省の被保護者調査によれば、2020年11月時点で被保護実人員は約205万人、被保護世帯数は約164万世帯となっている。2008年のリーマン・ショックの時は生活保護受給世帯が急増したが、新型コロナウイルス禍では、雇用調整助成金や生活福祉資金の特例貸し付け、従前からの住宅確保給付金などといった政策対応により、最初の緊急事態宣言が出された2020年4月よりも人員数は微減、世帯数は微増にとどまっている。

生活保護受給世帯のうち65歳以上の世帯が約90万世帯と半数弱を占めているが、2018年の住調によれば65歳以上の高齢者世帯は約1300万世帯で持ち家率は約80%であり、賃貸に住む高齢者世帯数は約250万世帯と計算できる。持ち家世帯は原則として生活保護受給の対象とならないことから、賃貸住宅に住む高齢者世帯、約250万世帯のうち実に約3分の1の世帯が生活保護を受給していることになる。

現状の国民年金制度は事実上、一生現役の自営業か持ち家を前提としていることや、インフレになれば持ち家の資産価値上昇と住宅ローン負担の実質的な減少が同時に起きる一方で、年金はマクロ経済スライドによって実質的な減額が起きることにも留意しておく必要がある。

日本政府の金融政策も、物価上昇率よりも政策金利を常に低くすることで、国の借金を減らしていこうとするいわゆる金融抑圧策（一般的には異次元緩和と呼ばれている）が基本であり、この傾向が続くとすれば、持ち家購入のための住宅ローンは、非常に有利な金融商品としての性格を維持し続けられる可能性が高い。

未婚率の上昇で、持ち家を買うきっかけを失っている？

未婚率の上昇と持ち家率の低下の相関関係も指摘できるだろう。国立社会保障・人口問題研究所の人口統計資料によれば、1995年の生涯未婚率（50歳時の未婚割合）は男性：8・99％、女性：5・1％だったが、2015年には男性：23・37％（プラス14・38ポイント）、女性：14・06％（プラス8・96ポイント）と大きく上昇している。

もちろん、未婚者であっても住宅を購入する人はいるだろうが、結婚や子どもの誕生という住宅を購入するきっかけがない人が増えていることが、持ち家率の低下に影響していると容易に想像できる。

筆者も関与した一般社団法人不動産流通経営協会の『『ひとり住まい』の持ち家ニーズ調査（首都圏・関西圏・中部圏）』（2018年）の結果を見ると、住宅購入検討理由の1位は「家賃がもったいない：40・8％」、2位は「老後の安心のため：34・2％」（いずれも複数回答）となっている。

こうした背景には、日本人の平均寿命が延び続けていることがある。例えば男性35歳、女性30歳の夫婦が家を購入した場合、35年ローンの終了時には男性は70歳、女性は65歳になっている。

65歳からの女性の平均余命は現時点でも約24年あり、これからさらに延び続けるとすれば、持ち家の安心感は大きい。

世の中の多くの人は持ち家を選び、ローンを無事完済して老後を迎え、長い老後を自分の家という大きな安心感とともに暮らす、という選択をしているわけだが、生涯を単身で賃貸住宅に暮らすとしたら、家賃が払えるだけの貯蓄を確保するといった備えが必要だろう。

積極的に賃貸を選ぶ理由はあるのか

話を逆から見て、「積極的に賃貸を選ぶ人が増えているから、持ち家率が低下している」という仮説を立ててみよう。

経済合理性では持ち家が勝る可能性が高いものの、「賃貸で暮らすことが人生の自由度を高める」といった主張も確かに見られる。しかしそれは、賃貸住宅市場の限られた側面しか見ていないように私は思う。

賃貸住宅市場は大きく分類すると、一般賃貸住宅市場、公的賃貸住宅市場、そして高級賃貸住宅市場の三つに分かれる。「賃貸で暮らすことが人生の自由度を高める」といった意見を述べる人でよく見かけるのは、講演を行っている人やメディアの取材をよく受けるような人、テレビに出るような大学教員といった人々であり、家賃を経費で落としていることも多いと思われる。

そして、社会に意見を発信できる社会的地位を持つ人々が住む賃貸住宅は、高級賃貸住宅市場に属する物件である可能性が高い。場合によっては賃貸で暮らしつつ、別に持ち家があるケースや、そもそも持ち家に住んでいるケースもあるようだ。

筆者の論文「富裕層および団地の集積が家賃に与える影響」（2018年）では、全国主要都市の平均家賃を集計している。東京23区の平均家賃は約9・7万円、標準偏差は約3・5万円となっている。統計分析では、平均に標準偏差の2倍を加えると偏差値70相当となり、上位約2・2％に属する。東京23区の場合、その家賃は16・7万円となる。十分な収入と資産があれば、20万円程度の家賃は自由の対価として容認できるかもしれないが、社会全体の感覚からは大きく乖《かい》離《り》している可能性が高い。

多くの普通の人々にとっては、首都圏でもファミリータイプで15万円くらいが許容できる上限であり、地方では10万円の家賃を高いと感じる人も多い。そうした人々を対象としているのが一般賃貸住宅市場であり、年齢が上昇するに従って持ち家率が高まることから、その多くは単身者向けとなっている。この市場は、若年層の実家世帯からの独立に対応し、持ち家までをつなぐのが主な役割であり、社会の流動性を支える基盤として重要な機能を担ってきた。ただ、中山間地域や人口が大きく減少している地域では、こうした一般賃貸住宅市場そのものが消滅しつつある場合も多いことを指摘しておきたい。

高級賃貸住宅市場や一般賃貸住宅市場とは異なるポジションにあるのが、公営住宅や独立行政法人都市再生機構（ＵＲ）が中心になる公的賃貸住宅市場で、民間とは別の入居審査基準になっている。その意味では旧雇用促進住宅といった一部の民間賃貸住宅もこの市場に属している。新築着工件数が減少し、賃貸住宅の老朽化が進みつつある現在では、このセグメントの市場が、持ち家率の低下や賃貸住宅に住む高齢者世帯の増加もあって構造的にその役割を拡大していくことになるのだろう。

世帯数がまだ増加している中で持ち家率が低下していることは、実は相対的には賃貸住宅市場が拡大し、賃貸住宅の社会的な役割が増大しているともいえる。

ただ、持ち家か賃貸かという住まいの選択は、経済面では重要な選択ではあるものの、人生を大きく左右させるほどの事象ではないことも筆者の研究から見えてきている。２０１８年の論文「住まいが主観的幸福度に与える影響」では、建物への満足度は持ち家のほうが賃貸よりも高くなっているが、主観的幸福度に対する持ち家か賃貸かの影響はほぼなく、幸福度には個人の性格や家族関係、住む場所などの影響が大きいことが分かっている。

そして、この研究では「賃貸で暮らすことが人生の自由度を高め、幸福度が高まる」という分析結果は得られなかった。だとすれば、やはり買えるのであれば家を持つほうが、長い人生を考えるとリスクは小さいだろう。

「持ち家否定派」は、独特の価値観・思想を持っている

引っ越しをする人の割合は年齢が高くなると急激に減少し、45歳以上では年率4％未満となる。

一方で、年齢の上昇とともに持ち家率は上がっていく。つまり世の中の人々の多くは持ち家を選択している。その点で「持ち家派」の勝利であり、持ち家は「自分自身を顧客にした極めて有利な確実性の高い賃貸事業」と結論付けた。

設問「家を持つべきだ」への回答と、回答者の持ち家・非持ち家率

	持ち家	非持ち家	合計	持ち家	非持ち家	合計
Yes	98,009	68,797	166,806	58.8%	41.2%	100.0%
Neither	70,379	81,320	151,699	46.4%	53.6%	100.0%
No	16,602	39,706	56,308	29.5%	70.5%	100.0%
合計	184,990	189,823	374,813			

Yes	53.0%	36.2%	44.5%
Neither	38.0%	42.8%	40.5%
No	9.0%	20.9%	15.0%
合計	100.0%	100.0%	100.0%

出所：いい部屋ネット　街の住みここちランキング2020、2021　個票データから筆者作成

しかし、少数であっても持ち家ではなく賃貸を選択する人はいる。本書の土台となった日経ビジネス電子版の連載記事に対するコメント投稿では、賃貸を推す内容が目立った。そこで筆者が企画・設計・分析を行っている「いい部屋ネット　街の住みここちランキング」の個票データ（以下「住みここちデータ」）を用いて、もう一度、持ち家・賃貸論争について検証してみよう。

住みここちデータには、「家を持つべきだ」に対して、そう思う・どちらかといえばそう思う・どちらでもない・どちらかといえばそうは思わない・そうは思わない、という五つの選択肢から回答する設問がある。日本全国を対象とした2020年と2021年の2回の調査で合計37万4813人から回答を得ており、集計結果は次の通りで

ある。

「家を持つべきだ」に対して、そう思う・どちらかといえばそう思うという肯定派（前ページの表でYes）は、44・5％と半数弱を占め、そのうち58・8％は実際に持ち家に居住している。

「家を持つべきだ」に対して、そうは思わない・どちらかといえばそうは思わないという否定派（表ではNo）は、15・0％と少数派であり、そのうち29・5％は、意向に反して持ち家に居住している。

「家を持つべきだ」に対して、どちらでもないという未定派（表ではNeither）は40・5％とかなりのボリュームがあり、持ち家に居住しているのは半数弱の46・4％となっている。

ここから分かるのは、意向として「家を持つべきだ」と考えている人が44・5％と多数を占め、次いで家を持つべきかどうか明確な考えがない人も40・5％とかなりのボリュームがあり、否定的な意向を持つ人は15％と少ないということだ。

「家を持つべきだ」という考えに対して否定的な意向を持っているにもかかわらず持ち家に住んでいる人が3割弱いるのも興味深い。その結果、持ち家に否定的で、かつ実際に持ち家ではない居住形態を選択しているのは、全体の10・6％とかなりの少数派になっている。

持ち家否定派は合理的判断でなく、価値観に影響されている

では、どういった属性の人たちが持ち家に対して否定的なのだろうか。回答者の年齢や性別、家族構成、年収、居住地などの個人属性や価値観との関連性を回帰分析してみた。

具体的には、持ち家に否定的な場合を1としてロジスティック回帰を実行し、オッズ比を出した。オッズ比が1を上回れば、他の条件が同じ場合に持ち家否定派が多いことを示す。

- 年齢では、50歳代のオッズ比が0・75、60歳代で0・55、70歳以上で0・44と、高齢層は持ち家肯定派が多い。
- 女性のオッズ比が1・09でやや高く、男性よりも女性に持ち家否定派が多い。
- 既婚者のオッズ比は0・88とやや低く、未婚者に持ち家否定派が多い。
- 子どもがいる場合のオッズ比は1・1と高く、子どもがいる場合に持ち家否定派がやや多い。
- 世帯年収400万円以上600万円未満の場合にオッズ比が1・11と高く、他の年収よりも持

ち家否定派が多い。

・テレワークをしている人はオッズ比が1・11と高く、テレワーク実施者に持ち家否定派が多い。

・居住地については有意な差が認められなかった。

ここまでが個人属性に関する影響だが、オッズ比が1・1や0・9等では大きな差とはいえず、影響が大きいのは年齢だと解釈できる。若い人には持ち家否定派が一定数いるが、60歳を超えると持ち家否定派はかなり少なくなる。

むしろ興味深いのは、「家を持つべきだ」という設問以外の価値観に関する設問への解答によって変動するオッズ比のほうである。

・「貯金すべきだ」に肯定的な場合のオッズ比は0・80であり、「貯金すべきだ」を否定している人に持ち家否定派が多い。

・「子どもを持つべきだ」に肯定的な場合のオッズ比は0・66とさらに低く、「子どもを持つべきだ」を否定している人に持ち家否定派が多い。

・「結婚すべきだ」に肯定的な場合のオッズ比は、さらに下がって0・58であり、「結婚すべきだ」を否定している人に、持ち家否定派が多い。

そして、オッズ比ではなく単純なクロス集計では、「結婚すべきだ」に対して否定的な人は全体の15・8％と少数派だが、「家を持つべきだ」に対して否定的な人の中では50・3％と半数を超える。同様に「子どもを持つべきだ」に対して否定的な人も全体の14・1％とやはり少数派だが、「家を持つべきだ」に対して否定的な人の中では半数弱の45・9％を占める。

ここから分かるのは、持ち家を否定している人には、かなり明確な思想的な傾向があるということである。そして、持ち家否定が思想に基づくものであれば、科学的な議論は成り立たない可能性が高い。つまり家を買うかどうかは、ライフスタイルによる個々人の選択、という結論しかなくなる。

「持ち家懐疑派」の疑問に答える

持ち家否定派には一定の思想的な傾向があるとして、「家を持つべきだ」に対して「どちらでもない」と回答している人たち、言ってみれば「持ち家懐疑派」が40・5％もいるのはどういうことなのだろうか。恐らく判断材料が乏しく、持ち家に対して抱いている疑問があるということだろう。日経ビジネス電子版の連載記事では持ち家に対して否定的なコメントが多かったが、これに対して補足説明をすることがこうした人たちの判断の一助になると考えた。以下に、主な投稿コメントに対する筆者の考えを示したい。

「持ち家は、地震や豪雨などで全壊したら借金だけが残る」

地震に対しては地震保険で解決するし、豪雨災害は場所を慎重に選べばかなりの確率で避けられる。しかも、最近の住宅の耐震性能は非常に高く、新・新耐震基準の家なら直下型地震が起きたとしても全壊する可能性はかなり低い。

「今の時代、ローンを払い続けられるような雇用の安定の保障はない」

2023年8月の失業率は2・7％と非常に低く、雇用はかなり安定している。現状では年功序列の給与体系が色濃く残っており、いきなり失業して住宅ローンや家賃を払えなくなる確率はかなり低い。さらに、もし失業率が非常に高まるような事態になれば、インフレになる可能性が高く、インフレになれば住宅ローンの負担は相対的に小さくなり、返済負担が大きく減少する可能性もある。

「賃貸は子どもの独立など家族構成の変化に応じて住み替えが容易だが、持ち家は売るのが大変」

すべてのケースではないが、持ち家を貸した場合の家賃は住宅ローン支払額を上回ることが多い。売却せずに人に貸し、自分たちは賃貸物件に引っ越す手がある。またすでに書いたように、そもそも年を取ると人は引っ越さなくなる。

「日本は人口減なので、不動産は暴落する。安い家賃で住めるようになり持ち家は不要」

人口減少は日本全国で均一に起きるわけではない。確かに地方では家賃が下落する可能性もあるが、大都市部の人口減少率は低く、家賃が暴落するとは限らない。空き家についても、大幅に増加する可能性は少ない。

「持ち家は自分を顧客にした賃貸事業なので利益が乗っていないぶん有利というが、持ち家の購入時に売り主や建築業者の利益が乗っているのではないか」

確かにその通りだが、賃貸物件でも建築時に業者の利益が乗っており、これが毎月の家賃に含まれている。また家主が建築費を借り入れていれば、その金利も家賃に入っている。そこにさらに家主の利益が上乗せされるので、持ち家のほうが有利といえる。

「DCF（割引キャッシュフロー）法で計算すれば、持ち家を買う金額で株に投資したほうが明らかに有利」

もし株への投資資金を住宅ローンと同じ条件で借り入れできればその通りだが、実際には不可能だろう。持ち家の住宅ローンだからこそ金利が低く抑えられており、住宅ローン減税なども受けられる。

「社宅がある」

もし普通に家を借りるよりも非常に安く借りられる社宅があるのなら、家を買わない選択もあり得る。社宅のメリットを最大限生かし、浮いたお金をためておけば、いずれ家が買えるくらいの金額がたまることもある。ただし、社宅のコストが市場家賃の2〜3割安い程度だとやはり家を買うことを検討してもいいし、浮いたお金を使ってしまうようなことは厳に慎むべきだろう。

「いずれ田舎に帰るつもり」

田舎に実家があり、いずれその家を相続して住むことが前提なら家を買わない選択もあり得る。ただし、定年になる30年先とかの話であれば、それまでの30年間の支払い家賃とのバランスも考える必要がある。社宅などコストの安い賃貸であれば問題ないかもしれないが、場合によっては家を買ったほうがいいかもしれない。

「持ち家だと気軽に引っ越せない」

気軽に引っ越せるかどうかと、実際に引っ越すかどうかは全く別の問題で、データを見ると気軽に引っ越せるかどうかと関係なく、年を取ると人は引っ越さなくなる。気軽に引っ越せるということは一部の人たちにとっては安心感なのかもしれないが、結局引っ越さないのであれば、気軽に引っ越せるかどうかはあまり関係がない。

「持ち家は資産にならない」

これから人口が減っていくにしても、東京など大都市の中心部まで持ち家の資産価値がなくなることは考えにくい。都市部と郊外・地方で状況はかなり違うだろうし、マンションか戸建てかでも状況は違う。戸建ての場合は簡単に建て替えられるから、建物の資産性を維持することは簡単ではなく、土地の価格がどうなるかに左右される。マンションの場合には建て替えることができる物件は限定的であることから、戸建てよりも資産性は維持しやすいだろう。

「家は20〜30年程度で資産価値はなくなる」

日本の住宅はスクラップ&ビルドを繰り返しており住宅の資産価値は維持できないという言説があるが、それは過去の話だ。日本は耐震性の基準をだんだん高めてきたという歴史があり、大きく分けて1981年と2000年に耐震基準が変わっている。1981年より前の物件は旧耐震物件と呼ばれ、マンションはまだ使われているが、戸建ての場合はほとんどが建て替えられてきた。そうした状況が2000年くらいまでは続いたため、資産価値がなくなるという言説が生まれた。しかし、新・新耐震と呼ばれている2000年以降の建物については、建て替えなくても十分に使える品質になっている。そのため今後は戸建てであっても築20年以上の物件が取引されることが多くなるだろう。実際ＳＵＭＯ等のポータルサイトを見ると、築20年以上の物件が多数掲載されている。

「空き家が大量にあるのでいずれ家賃は暴落する」

そもそも空き家は過大にカウントされており、実際には家賃が暴落するような量の空き家はない可能性が高い。詳細は筆者の２０１８年の論文「住宅・土地統計調査空き家率の検証」を参照。また、空き家となっている建物の多くは、築30年を超えたような古い戸建て住宅で、必ずしも住みやすいとはいえない。賃貸住宅もコロナ禍で新築着工が減ったこともあり、95％を超える入居率となっている地域が多く、家賃も上昇傾向にある。

「２拠点居住するつもりなので、地方で家を買おうと思う」

人口減少が続く現状では、２拠点居住は地方の活力を維持することに貢献できるはずで、ぜひ試してみてほしい。しかし、毎週のように移動し2カ所で暮らしを維持するには、お金もかかるし、意外と強い精神力が必要となる。別荘を買ったが結局使わなくなったという話も多い。都会で賃貸に住み、地方で家を買うという選択も悪くはないが、地方で家を買うなら、まずは賃貸で借りてみて、その生活が続きそうかどうかを確認してからのほうが後悔しないだろう。子どもがいる場合には学校の選択に悩んだり、行事で忙しくなったりして意外と大変なものだ。

連載記事の投稿コメントの中には、「年を取ったが家を買っておいてよかった」「年を取ると家を借りにくい」といった持ち家を肯定するコメントもあったことを付記しておく。

筆者に賃貸住宅を否定する意図はなく、持ち家までのつなぎや、なんらかの理由で家を購入できない人たち、学生や単身赴任者向けなど、重要な社会的意義があると考えている。また、家を持つかどうかに思想的な背景があり、積極的に賃貸住宅を選ぶ人がいることもよく理解している。持ち家・賃貸論争は、本来は勝敗を付けるものではなく、最終的には個々人が選択することだ。その際に多少なりとも本書が参考になれば幸いである。

第 2 章

住宅ローンVS.家賃 リスクが高いのはどっちなのか

住宅ローンは〝強制積み立ての個人年金〟配当は老後の家賃相当分

持ち家・賃貸論争では様々な論点があり、その一つに、住宅ローンという多額の借金を負うことが大きなリスクだと指摘される場合がある。

「年功序列や終身雇用が崩れたことで、住宅ローンのリスクは大きくなっている」という意見もあるが、果たして本当だろうか。この章では、いろいろな誤解もある住宅ローンについて整理してみたい。

2021年、2022年と首都圏の新築マンション平均価格は史上最高値を更新し、話題となっている。価格高騰の背景には、史上最低の低金利が続いていることで多額の住宅ローンの借り入れが可能になっていることもある。

国土交通省の令和2年度（2020年度）住宅市場動向調査報告書によると、分譲戸建てでは

67・7％、分譲マンションでは62・6％という多くの人たちが住宅ローンを利用している。そして住宅ローン利用者のうち返済期間が35年以上なのは、分譲戸建てで69・3％、分譲マンションで69・2％。年間返済額の平均と年収に占める返済負担率は、分譲戸建てで123・5万円／18・6％、分譲マンションで139・1万円／17・4％となっている。

これに対して「多額の住宅ローンの借り入れはリスクだ」と指摘する有識者やコメンテーターが存在するが、本当だろうか。

この調査報告書では、住宅ローンの返済についての負担感も聞いているが、「非常に負担感がある」のは分譲戸建てで6・2％、分譲マンションで7・2％と意外に低かった。

実際に返済ができているかどうかを2019年の全国家計構造調査で見てみよう。

夫婦と子どもが2人の若い世帯（長子が未就学児・勤労者世帯）の金融負債残高は平均約1503万円、金融資産残高は平均約679万円で、住宅ローンの債務額が貯蓄額を上回っている。しかし、世帯主が65～74歳の夫婦のみ世帯（有業者のいる世帯）になると金融負債残高は平均約104万円なのに対して、金融資産残高は平均約1826万円とほぼ負債がない状態になっている。あくまで過去の実績ではあるが、住宅ローンはしっかり返せているケースが多いようだ。

家賃の滞納率は、筆者の研究では4カ月以上の長期滞納は全体の0・7％だが、住宅ローンの滞納も同程度のようだ。

住宅ローンの滞納率はすべて公表されているわけではないが、「フラット35」を提供している住宅金融支援機構の「統合報告書2021」では、件数ベースではない債権額ベースでの破綻先債権と実質破綻先債権の比率は全体の1・8％となっている。しかし、住宅金融支援機構以外の金融機関のほうが、審査が比較的厳しいといわれており、ある住宅ローン保証会社からは「住宅ローン全体の破綻率は1％を大きく下回るのではないか」と聞いている。

また賃貸でも、家賃の支払いが数回遅れたくらいですぐに家を追い出されることはないのと同様に、住宅ローンも一度でも滞納すればすぐに住まいが差し押さえられ競売にかけられるというわけではない。返済期間の延長など、貸し出し条件が緩和されることもある。

住宅ローンは強制積み立ての個人年金と考えていい

第1章で「持ち家とは自分自身を顧客にした極めて確実性の高い賃貸事業」という考え方を紹介した。自分自身が顧客だから家賃滞納はあり得ず、家賃が得られない空室期間も、原状回復費用も、募集広告費も賃貸管理の委託費もない。

その上、住宅ローンの金利は低く、35年といった長期の借り入れが可能だ。また、住宅ローン減税があり、固定資産税も優遇されている。

別の見方をすると、住宅ローンは「強制的な個人年金の積み立て」と考えることもできる。前述したように、住宅ローンを滞納する人は少なく、普通は何としても支払おうとする。そして住宅ローンの返済が終われば、持ち家にほぼタダで住めるということであり、賃貸なら必要となる家賃との差額を配当とみなすことができる。

また、住宅ローンには団体生命保険が付帯していることがほとんどであり、世帯主が死亡した場合などには住宅ローンの返済義務がなくなる点も見逃せない。毎月数万円の保険料になることもある一般的な生命保険と比べて、非常に少ない負担で大きな保障が得られているのだ。

リスクとは大きさと確率の組み合わせで考えるべきもの

そうは言っても、住宅ローンを不安に思う人もいるだろう。

実際「借金は嫌だ。借金はよくないことだ」という意識が日本人には多いようだ。全国銀行協会の2020年の調査によれば、消費者金融は「必要があっても絶対に利用しない」との回答が

83・9%と圧倒的で、クレジットカード会社のキャッシング・カードローンも62・2%、銀行カードローンでも53・2%が「絶対に利用しない」と回答している。

ただし、住宅ローンとキャッシングを一緒にすべきではない。日々の生活でキャッシングしなければならないということは、収入に見合った生活ができていない、という傾向が強いことになる。しかし、住宅ローンはそうではない。

「失業や病気で返済できなくなるのが怖い」「大企業でもリストラがある」といった理由で住宅ローンを不安に思う人もいる。しかし、考えてみてほしいのは、リスクとはその事象が起きたときのインパクトだけではなく、発生確率との掛け算で評価すべき、という点である。

実際、企業が破綻したり、自分がリストラに遭ったりする確率は、そこまで高いものだろうか。各種の統計を見れば、年収は年齢とともに上昇しているという年功序列の傾向が維持されており、大規模なリストラで失業者があふれているわけではない。

また、金融機関は誰にでも同じ条件でお金を貸すわけではない。あなたが住宅ローンを借りられるとすれば、失業やリストラに遭うといったことがあなたには統計的にはあまり起きないだろうと金融機関が判断したからこそ、多額のお金を貸すのだ。それは、金融機関があなたの人生が確率的にある程度うまくいくであろう、と認めたということでもある。本人が意識的に目指してきたわけではないだろうが、お金を借りることも個人の才能の一つなのである。

ある大学の先生は、学生に「みなさんは社会に出たら、早く住宅ローンが借りられるようになりなさい」と言っているという。それが職業や日常生活を含めた社会的信用力を形成したという証明であり、めでたいことなのだと。

また、日本は「失われた20年」を経てもインフレが起きず、失われた30年といわれる停滞期が長く続いてきた。そのため、非常に低い金利と安定した物価に慣れてしまい、インフレのことを忘れがちになる。しかし、昨今の相次ぐ商品値上げで分かるように、インフレは既に起き始めている。今後は家賃も上昇する可能性が高い。一方、住宅ローンの場合はインフレで金利が上昇するが、返済が進めば借り入れは相対的に縮小していく。そういったことも念頭に置いておく必要がある。

住宅ローンを返済できなくなるリスクは、どのくらい大きいのか

第1章で、「家賃の滞納率は4カ月以上の長期滞納が全体の0・7%を占める。住宅ローンの滞納も同程度のようだ」と書いた。賃貸で家賃を払えないリスクと、持ち家で住宅ローンの返済が滞るリスクを比較するのは容易ではない。しかしこの項では、独立行政法人住宅金融支援機構、そして主に地方銀行の住宅ローンの保証を行っている全国保証が公表しているデータを用い、住宅ローンのリスク、すなわち延滞率について検証してみよう。

住宅金融支援機構の延滞率は低下している

住宅金融支援機構は、住宅金融公庫が2007年に独立行政法人化された組織で、民間金融機関が長期固定金利の住宅ローンを提供できるよう、住宅ローンを債権化した「フラット35」など

住宅金融支援機構の貸付残高延滞率と全国保証の滞納率の推移

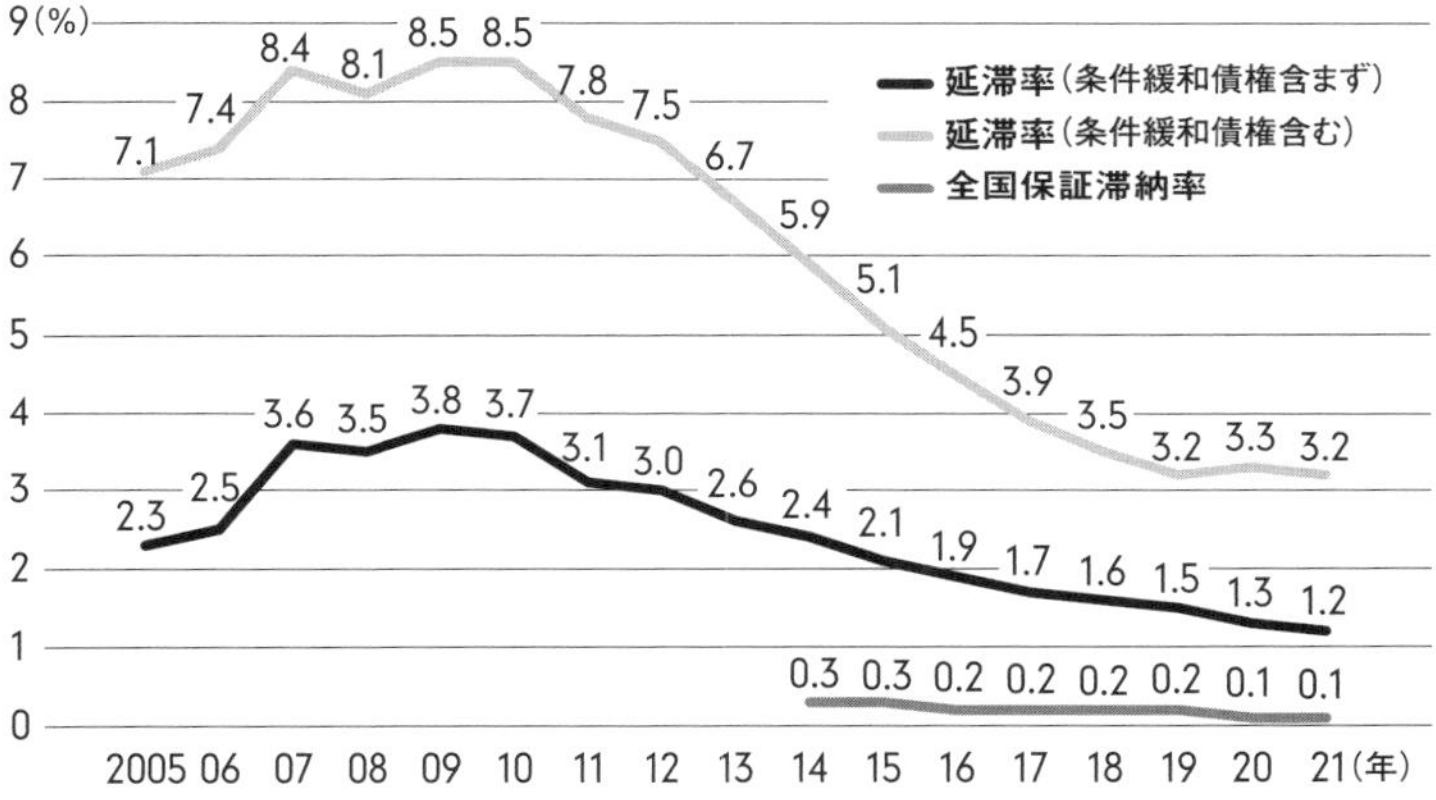

出所：住宅金融支援機構ホームページ掲載データ、全国保証ホームページ掲載データから筆者作成

の証券化支援業務を中心に行っている。

独立行政法人化により証券化支援業務の比重が大きくなったことで、貸付残高は2007年の約426兆円が2021年には約255兆円に減少している。その貸付残高のうち、「破綻先債権」「延滞債権」「3カ月以上延滞債権」に区別してそれぞれ金額が統合報告書などで公表されており、ここから金額ベースの延滞率が計算できる。

筆者は住宅金融支援機構と全国保証のウェブサイトから入手できる情報を整理し、延滞率を算出した。上のグラフは、貸付残高合計に対する前記三つの債権の合計の比率（黒い線）と、元本返済の延期など「貸し出し条件緩和債権」の貸付残高を加えたものの比率（2005年から始まる薄いグレーの線）の推移である。

貸し出し条件緩和債権を含めた延滞率は2007年から2010年にかけて8%を超える高水準で推移し、貸し出し条件緩和債権を除いた破綻先・延滞・3カ月以上の延滞債権の比率も3%を超える状態だった。それが、2019年に向けて大きく下がった。コロナ禍の影響もほとんど受けていないようで、貸し出し条件緩和債権を含めた延滞率は3・2%程度、貸し出し条件緩和債権を除いた破綻先・延滞・3カ月以上の延滞率は1%強の水準にとどまっている。

延滞率が低下している原因ははっきりしないが、2007年の独立行政法人化により、直接貸し出しから証券化業務にシフトしていることで、審査基準が厳しくなっている可能性がある。

貸し出し条件緩和債権を除いた破綻先・延滞・3カ月以上の延滞率は2019年で1・5%。筆者の2014年の論文で示した4カ月以上の家賃滞納率1%弱よりもやや高い水準だが、これをもって住宅ローンのリスクが家賃滞納のリスクより高いとはいえない。なぜなら住宅金融支援機構の住宅ローン融資よりもメガバンクなどの民間金融機関のほうが住宅ローン融資の審査が厳しく、住宅ローン全体の滞納率がより低い可能性があるからである。

住宅ローンの破綻率は推定0・35%程度

借り入れからの経過年数ごとの一括返済請求率（住宅金融支援機構）

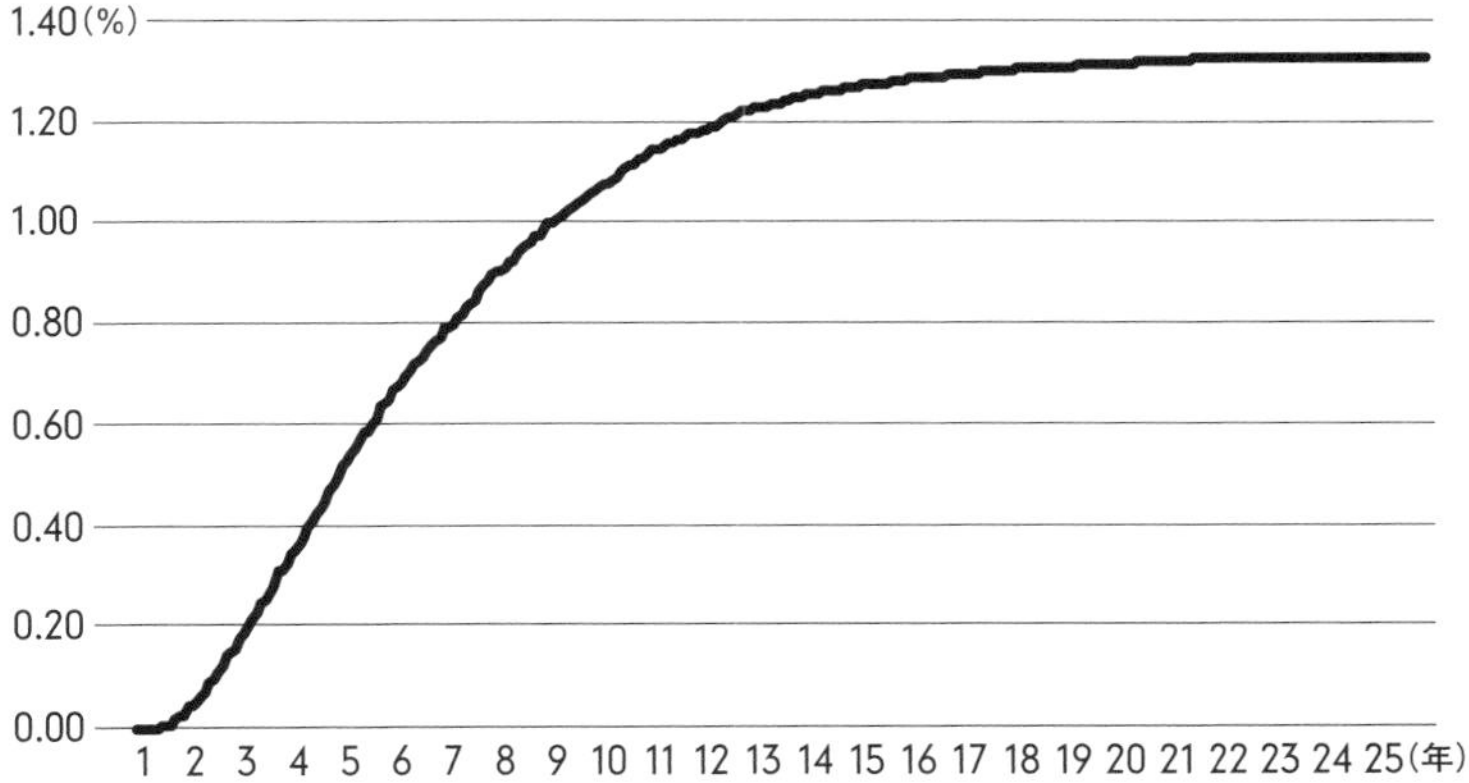

出所：住宅金融支援機構ホームページの償還履歴データから筆者作成

それを検証するために、地方銀行を中心に住宅ローンの保証業務を行っている全国保証の統合報告書を基に、2014年からの住宅ローンの滞納率を算出して51ページのグラフに濃いグレーの線で示している。数値を見ると、2014年で0・3%だったものが2021年には0・1%と非常に低くなっていることが分かる。

ただし、全国保証の滞納率は延滞債権を基にしているのではない。住宅ローンの支払いが滞り、物件売却によって住宅ローンの残債を全国保証が肩代わりして返済した金額をベースとした、破綻率である。

住宅金融支援機構でも同じように住宅ローンの返済が滞って物件を売却しなければならない状態になったことを示す「償還履歴データ（コアデー

タ)」と呼ばれる数値が公表されている。ウェブサイトから入手できる1997年から2021年までのデータを用いて、住宅ローンを借りてから25年間以内に物件を手放さなければならなくなった状態、すなわち住宅金融支援機構から一括返済請求を受けた比率(破綻率)を計算してみると53ページのようなグラフになる。

一括返済請求率は10年目くらいまではほぼ直線的に上昇していくが、その後は上昇傾向が弱まり、おおむね15年目くらいで約1・3%に収束していく。これは、条件緩和債権を含まない2021年の延滞率1・2%と同程度である。

住宅金融支援機構の発表している統合報告書から、住宅金融支援機構の住宅ローンを含む債権総額を約29・4兆円、一括返済請求率(破綻率)を1・3%、民間金融機関の住宅ローン債権総額を約183・1兆円、破綻率を0・2%として、民間金融機関の住宅ローンを含めた住宅ローン全体の破綻率を計算してみると約0・35%となる。

簡単に言えば、かなり長い期間の住宅ローンを借りても、それが返済できない状態になるのは300人に1人程度ということになる。これは、リスクとしてはかなり低いということになるだろう。

また、全国保証の2022年の統合報告書によれば、2018年から2022年までの代位弁済額（保証会社である全国保証が借り主に代わって返済した額）合計539億円に対して、回収額は395億円で、約73％の回収率となっている。

これは、住宅を売却しなければならない状態になっても、平均でおよそ4分の3は、物件売却によって賄えることを示している。つまり当たり前だが、住宅ローンを支払えなくなって破綻したとしても、借りた住宅ローン全額が借金として残るわけではない。

住宅ローンの返済が破綻したとき、自宅を失った上で（数百万円程度が多いと思われる）借金が残ることをどう考えるかは個人によって判断が異なるとは思う。しかし強調したいのは、住宅ローンの破綻率が推定で0・35％程度にすぎないということだ。これは4カ月以上の家賃滞納率1％弱に対して3分の1程度であり、少なくとも家賃が払えなくなって生活が破綻するリスクよりも、住宅ローンが払えなくなるリスクのほうが小さいことを示している。

そして前述したように、審査に通って住宅ローンを借りられたのなら、金融機関はあなたの住宅ローンを払えなくなるリスクがかなり小さいと判断したということなのだ。つまり、住宅ローンのリスクを過度に心配する必要はないだろう。

住宅ローンの借入額と返済期間を最大・最長にすべき理由

このように、筆者は住宅ローンを活用することを勧める。では、いつ借りるべきなのか。返済期間は何年にすべきなのか。

住宅ローンを利用した持ち家の購入が、「自分自身を顧客とした有利な賃貸事業」であり、「強制的な個人年金の積み立て」とも考えられることを既に紹介した。これらはいわば住宅ローンを戦略的に考えるということで、実際にいざ住宅ローンを組んで家を購入しようとする場合には様々な選択肢がある。

住宅ローンの利用にあたってまず考えるべきは、いつ住宅ローンを借りるのか＝持ち家を買うのか、というタイミングの問題だ。

一つのタイミングは結婚してからだろう。その大きな理由は、住まいとは夫婦が話し合って決めるべきものだからだ。夫婦とはいえ別の人格なので、どこに住むと満足度が上がるのか、どんな家が好みなのかということをすり合わせたほうがいい。結婚してから数十年も住み続けることが多いわけで、夫婦双方が納得した家を買うべきだろう。

また、将来子どもを持つことを考えるなら、その点を踏まえて家を選ぶ必要もある。どこに住むかは子どもに大きな影響を与える。教育環境を重視するのか、あるいは自然環境を重視するのか、夫婦で話し合ったほうがいい。さらに、共働きが当たり前になっている現在では、子どもの面倒を見てもらうために親が近くにいたほうが助かることも多い。

一方、結婚していない場合は40歳という年齢が一つのタイミングになるだろう。これは主に貸す側の理由が大きい。住宅ローンは長期で貸すことが多く、返済期間35年だと40歳で借りると75歳で返済が終わることになる。返済完了時の年齢を考えれば、40歳を超えるとだんだん貸しにくくなるわけだ。

では、返済期間はどうすべきだろうか。これは、「できるだけ長くする」のが正解だ。

借りられるだけ借りて、返済期間は延ばせるだけ延ばせ

お金を借りることのリスクは、返済できずに住まいを失ったり、自己破産のような事態に陥り生活が望まない方向に大きく変化し、心理的にも大きな負担を抱えたりすることである。そして、お金を返せなくなるリスクは、年収に占める返済額の多寡で決まってくる。であれば、住宅ローンを借りるときに一番大事なのは、毎月の返済額を極小化することである。

例えば、3000万円を金利1％で借りる場合、返済期間20年だと毎月の返済額は13万7968円、返済総額は約3311万円となる。一方、返済期間35年だと毎月の返済額は8万4685円、返済総額は約3557万円となる。

返済期間が20年だと、35年よりも毎月返済額が5万3283円も多くなる。毎月5万円というのは多くの家庭にとってかなり大きな金額で、返せなくなるリスクは返済期間35年よりも20年のほうが高いということに異論はないだろう。リスクを考えれば返済総額の多寡よりも毎月の返済額をまずは意識すべきなのだ。

毎月の返済額は、同じ返済期間なら借入総額が少ないほうが当然少なくなる。だから、手元の貯金などを頭金に入れたほうがリスクを少なくできると考えがちだが、これは誤りだ。

手元の貯金などを住宅ローンの頭金に入れると、それだけ家計の余力が低下する。一方、現在の貸出金利は10年固定金利でも1%前後で、変動金利なら0・5%以下で借りられる。住宅ローン控除率が1%から0・7%に引き下げられたとはいえ、ほぼ無金利で借りられるという状況に変わりはない。ほぼ無金利で借りられるのなら頭金はできるだけ少なくするほうが、手元資金を温存することになり、返せなくなるリスクは低くなる。

例えば前述のように、3000万円を35年間、金利1%で借り入れた場合の毎月返済額は8万4685円。これに対して500万円の頭金を入れて借り入れを2500万円にしても、毎月返済額は7万571円と1万4114円しか違わない。一方で500万円が手元にあれば、8万4685円の支払いを単純計算で約5年続けることができる。

手元にできるだけ現金を残しつつ、借りられるだけ、しかもできるだけ長く借りることで、毎月の返済額を極小化でき、それがリスクを大きく減少させるのである。

では実態はどうなっているのだろうか。住宅金融支援機構の「2019年度民間住宅ローンの貸出動向調査」によれば、2018年度の平均で貸出期間は26・7年となっている。貸出期間が30年以上の比率は23・8%にとどまるが、これはある程度年齢が高くなってからの建て替えやリフォームの借り入れも含まれているためと考えられる。恐らく、初めて家を買う比較的若い世代の多くは長期の借り入れとなっているはずだ。

また、この調査では完済期間は15・7年となっているが、ここには借り換えによる完済が含まれていると思われ、実際の返済期間はもっと長いと考えるべきだろう。実際、新規貸出額のうち15・4%は借り換えである。2019年の全国家計構造調査では世帯主が65~74歳の夫婦のみ世帯(有業者のいる世帯)の金融負債残高が平均約104万円であることを考えれば、長く借りて、退職金で一気に繰り上げ返済するケースがかなり多いと考えられる。

ちなみに、住宅ローンは、マンションの販売会社などが紹介する場合も多いようだが、住宅ローンをどこから借りるかは全く気にする必要はない。お金に色はなく、特段のサービスの違いがあるわけでもないので、銀行名は気にせず条件だけで決めていい。0・01%の金利差、1年の返済期限の差、100万円の頭金の違いといったささいに思えることも、毎月の返済額に影響してくる。そのため1社で仮審査が通ったとしても、他の銀行に相談してみることは有益だろう。

固定金利か変動金利かは、個々人の性格や手元資金の多寡にもよるが、いまは長期固定でも1~2%程度なので、変動との金利差はあまりない。長期固定で1%程度の金利なら固定を選択することも十分合理的な選択だといえる。最近は借り換えが激減しているのも、借り換えによる金利削減の効果が非常に小さくなっているためである。

繰り上げ返済しても返済期間を短縮してはいけない

返済期間が長くなることで返済総額が増えるではないか、という指摘もあるだろう。確かに、3000万円を金利1%で借りた場合、返済期間20年の返済総額約3311万円に対して、35年だと約3557万円と246万円増える。そのため、返済総額を少なくするために、繰り上げ返済していくことも考慮しなければならない。

繰り上げ返済すればそれだけ返済総額は減っていくが、そのためには手元に現金をためていく必要がある。少し逆説的になるが、できるだけ返済期間を長くすることは、毎月の返済額が減少することにつながるため、それだけ繰り上げ返済のための余力が生まれるということでもある。月々14万円の返済で貯金もできないような家計よりも、月々9万円の返済で差額の5万円を貯金していくほうが家計のリスクが小さいことは明らかで、その貯金を繰り上げ返済の原資にするわけだ。

ただ、繰り上げ返済の方法については要注意だ。ファイナンシャルプランナーなどが返済総額を減らすために返済期間を短縮することを勧める場合もあるようだが、返済期間を短縮してはいけない。

その理由は二つある。一つ目は、返済期間を短縮しなければ繰り上げ返済によって毎月の返済額が減って家計のリスクがさらに減少し、次の繰り上げ返済のための貯金がより多くできるからである。二つ目は、一度短縮した返済期間は原則として二度と延ばすことができない点だ。なんらかの事情で家計が苦しくなっても、返済期間を延ばすことで返済額を減らすことはできない。

また、返済総額は「契約時の返済期間」ではなく、「最終的な返済期間」で決まることも念押ししておきたい。借り入れ当初35年で契約したとしても、最終的に20年で返してしまえば、最初から20年で契約した場合と返済総額はほとんど変わらない。

ただし、現在のように金利が非常に低い場合には、そもそも繰り上げ返済をするかどうか自体を慎重に考える必要がある。借り入れの金利が1％前後の現状では繰り上げ返済することでの金利圧縮効果が小さく、「いつでも返せる」「何かあっても手元に資金がある」という安心感を優先して、繰り上げ返済をしないのも合理的な選択になる。

一方で、いつでも返せるという安心感よりも借金自体が減るという安心感を優先して、繰り上げ返済を積極的に行うというのも心理学的には合理的な選択だろう。また、別の考え方としては、繰り上げ返済せず温存した手元資金を別の投資に回すという戦略もある。

ここまで読んでくれた方はもうお気づきだろう。ここまで述べてきた考え方は、なにも住宅ローンに限った話ではない。事業経営における借り入れでも同じ考え方は生かせるし、アパート経営での借り入れにも適用できる。特にアパート経営では、地域事情や人間関係などの理由で先祖伝来の土地を経済合理性だけで売却することができない場合もある。その場合、現金を生まない土地を原資に、賃貸住宅を経営することでキャッシュを生み出すのは立派な経済行為となる。

ただ、一部にある「住宅ローンよりも先に賃貸住宅投資のための借り入れをすべきだ」という意見にはあまり賛成できない。不動産投資で借り入れがある場合には、住宅ローンを借りられない場合もあり得るからだ。基本的には、条件の良い住宅ローンを借りてから、余力があれば不動産投資ローンを考えるというのがリスクの少ない順番だろう。

コラム

「論理の飛躍」が多い不動産情報 科学的態度の大切さ

本書の主張で一貫して重視しているのは「ファクト・ベースド」であることだ。コンサルティングファームは、1940年代にマッキンゼーが「ファクト・ベースド・コンサルティング」を発明して、業界として大きく発展したという。それは世の中の言説が必ずしもファクトに基づいているわけではないからこそ、ビジネスとして伸びたのだろう。ここでは、不動産関連情報に欠けている「ファクト・ベースド」な科学的態度について論じてみたい。

コロナ禍において話題を集めているものに、テレワークによる住まい選びの変化がある。例えば「湘南に引っ越してテレワークをする人が現れている。今後は郊外への住み替えが広がる」といった主張があるが、本当だろうか。

「湘南に引っ越してテレワークをしている」という事例は、一個人の経験にすぎない。それを一般化・普遍化する論法を、極端な事例による構成「ECF（Extreme Case Formulation）」と言う。簡単に言えば個別事例の安易な一般化である。

個別の空き家の行政代執行の事例をニュースで取り上げて、空き家問題が深刻化していると報道することもECFの典型例だろう。実際には、空き家の行政代執行は全国累計で300件に満たず、個別事例にすぎない。

さらに、2018年のかぼちゃの馬車問題で経営破綻した賃貸住宅オーナーが集団訴訟を起こした事例を取り上げ、「賃貸経営は危険だ」と断定するのもECFだろう。住宅・土地統計調査によれば、現住居以外に貸家用住宅を所有する世帯は約122万世帯あるとされており、賃貸経営の多くは破綻していないというのが事実なのである。

こうした表現手法は、メディアだけでなく多くの場面で見られ、注意が必要だ。もっとも、学術研究でも特定の分野では個別事例の収集に力を入れ、その個別事例があたかも社会全体の問題であるかのように主張することがある。しかし本来は、全体の傾向を判断できるだけのデータと事例を集め、その中から説明に適した事例を抽出すべきなのであって、ECFは順番が逆なのである。

「タワマン廃虚化」は論理の飛躍だ

「タワーマンションの大規模修繕費用は巨額であり、いずれ破綻して廃虚化する」などという主張もある。

確かにタワーマンションの大規模修繕費用は、1戸当たりで計算してもタワーマンション以外より高いようだ。しかしタワマン居住者の年収は比較的高く、修繕積立金が集まらずに大規模修繕ができなかったという事例はいままでのところ起きていない。さらに、大規模修繕のコストを最低限に抑えるとどうなるか、工事間隔を延長すればどうなるかといった廃虚化を回避する手段についても十分に検討されているとはいえず、廃虚化すること自体が確定的な未来ではない。

首都圏における初期のタワマンとして有名な、1998年に建築された埼玉県川口市のエルザタワー55は、2015年から2年をかけた大規模修繕が無事完了している。工事費は約12億円といわれており、総戸数650戸で割ると1戸当たり約185万円で、国土交通省が実施した「令和3年度マンション大規模修繕工事に関する実態調査」で最も多かった1戸当たり100万～125万円と比べて法外な金額というわけではない。さらに古い1971年築の三田綱町パークマンション（東京都港区）や1976年築の与野ハウス（さいたま市）も築50年前後だが、いまだ健在だ。

また、タワマンは一般的に駅近くなど立地が良い場合が多く、居住者の満足度も高いことから、今後の世帯・人口減少が続く状況でも一定の居住者を確保できる可能性が高い。

これらのことを考慮すれば、「タワマンが廃虚化する」という主張は論理的な飛躍といえるだろう。「今後空き家が増えるのだから、家賃は暴落する。従って家なんか買う必要がない」といった主張もそうだ。筆者の研究では空き家率が家賃や中古マンション価格に与える影響は大きくはないことが示されている。また、いったんインフレが起きれば家賃は確実に上昇に転じる。空き家率そのものも地域差が大きく、住宅の滅失が増えていることからも急激に上昇するとは限らない。

このように一見、原因と結果の関係のように見えても、そこには論理的な飛躍があることも多く、注意が必要だ。

事実を疑う必要性とエコーチェンバー効果の怖さ

数値が伴うことで事実らしく聞こえて、世の中に常識として広まる言説も多い。例えば「空き家数が800万戸と多い」（実際には、大きく下回っている可能性が高い）、「中古住宅流通比率が20％に満たず欧米と比べて極端に低い」（業界団体の推計によれば40％程度）、「日本の住宅寿命は30年程度と短い」（50年以上に長期化しているという研究成果もある）、といったようなことである。

科学技術の発展は、その時点で常識とされていることを疑い、新たな法則や事実を見つけ出すというプロセスによって進歩してきた。これは、一人ひとりの思い込みを自ら破壊し、メンタルモデルを再構築し続ける必要がある、ということでもある。

そして「エコーチェンバー効果」にも注意する必要がある。

エコーチェンバー効果とは、自分と同じ意見を持つ人たちだけでコミュニケーションを続けることで、特定の意見が増幅・強化されることを指す。これはTwitter（現X）やInstagram、FacebookといったSNS（交流サイト）で起こりやすい。SNSとの接触時間が長く、同じような考え方の人たちと密な環境に長くいると事実を疑わず、一定の思想がさも世の中に共通の認識であるかのように思い込んでしまうリスクがある。

実際、筆者の調査によると、テレワークをしている人の周りにはテレワークをしている人が多く、テレワークをしていない人の周りには少ない、という明確な違いがあることが分かっている。

これは、テレワークをしている人は、「みんながテレワークをしている」と無意識に勘違いしやすいことを示している。そして、エコーチェンバー効果には、多面的な見方がある事象について特定の、自分が見たいと思う特徴だけに無意識に固執してしまうリスクもある。自分と意見や思想が対立する人たちとの接点を失わず、自分とは違った環境がある、ということに気づき、その状態を想像できる共感性を失ってはならない。

では、どうすれば「ファクト・ベースド」で論理的な主張ができるのだろうか。空き家問題を例に取ると、次のように分類できる。

「空き家は社会問題だ」＝意見
「空き家の利活用で地域を活性化すべきだ」＝思想
「空き家をリノベーションしてカフェを始めた人がいる」＝個別事例
「空き家は住宅・土地統計調査によれば全国に800万戸あるとされているが、自治体の空き家実態調査では住調を大きく下回る空き家数が多数報告されている」＝事実
「空き家数も空き家率も過大に算出されており、滅失も進んでいることから、今後空き家が大きく増えることはないだろう」＝解釈

こうした区別を情報の発信側が明示することはあまりない。往々にして、最初にあるべき姿としての思想があり、その思想に都合のよいデータや事例を意図的に選択して、論理的な飛躍となっていることを無視した意見と思想と個別事例が混然一体となって発信されていることがある。

新聞でよく使われる「これからは、〇〇しそうだ」という断定保留表現にも気を付けたい。この表現はある個別事例を基に、結論を断定せずに一定の方向性を示唆する場合によく使われるが、読んだ側は断定を保留しているとは必ずしも受け取らない。最も重要なのは、どれが事実なのかを注意深く判断することだ。

もっとも、筆者も最初からこのように論理的に思考できていたわけではない。リクルートに長く勤めていた筆者が学術の世界に入ったのは遅く、最初の査読付き論文が学会誌に掲載されたのは49歳の時だった。そして、初めて経験する学術の世界の作法として強く意識させられたのは以下のようなことである。

・事実と意見を明確に区別する
・論理的な飛躍をしない
・因果関係と相関関係を混同しない

・使用するデータの詳細を記載する
・引用を明確にする（他人の意見や研究成果を自分のもののように言わない）

このような点は、論文だけではなく寄稿や講演でも常に意識させられている。そして、筆者が博士の学位を取ったときにはすでにグレーヘアの52歳になっていた。博士の学位は修士までと違い、自らリサーチクエスチョンを見つけ、自らデータを集め、分析し結論を導き出さなければ取得できない。もちろん、学位を取得した全員にその能力が過不足なくあるとはいえないが、少なくとも博士の学位を持っている人は一定の科学的態度を身に付けているはずだ。

「学歴や肩書には意味がない」と主張するのはECF

最後に、ビジネスパーソンの読者にぜひ伝えたいことがある。「社会人を学歴や肩書で判断する」ということをどう考えるかについて、だ。

最近も「学歴フィルター」が大きな問題となった。偏差値の高い大学の学生が全員、社会に出てから活躍できるわけではないし、逆に偏差値が低い大学の学生だからといって、活躍できないというわけでもないからだ。これは社会人の肩書も同じだ。それなりの肩書のある社会人全員が、肩書通りの能力があるわけではない。

しかし一方で、偏差値の高い大学出身なのに仕事ができない人や、年齢と運だけで肩書を獲得した人がいることをもって「学歴や肩書には意味がない」と主張するのもECFだということは、もうお分かりだろう。学歴や肩書は、そうした意味では確率だと考えたほうがいい。

では、どうやって判断すればいいのだろうか。

例えばメディアに登場したり、立派な肩書を持って講演をしたりする人に対しては、その人の「書いたもの」を調べるのも一つの方法だ。国内の学術論文であればCiNiiやJ-STAGEといった専用サイトで調べることができるし、講演実績や寄稿などもインターネットで検索すれば、すぐに見つけることができる。そして、「書いたもの」が多い人は、自分の専門分野以外のことについてコメントしない人も多い。逆に、何にでもコメントする人や、「書いたもの」があまりない人には気を付けたほうがいいかもしれない。

もちろん、これは根拠のある事実ではなく、私の「意見」である。

第3章

持ち家は都会に買いなさい

都会で家を買うべき理由

本章では、都会に住むメリットや、東京23区や都市部の特殊性と住みやすさ、子育てに関する見方などを順番に解説していく。最初に、家を持つなら都会で買うほうがいい理由を簡単にまとめておこう。

1章では、持ち家vs賃貸論争について、結局、持ち家を選択している人のほうが圧倒的に多いのだから、持ち家の勝ち、という結論の出し方をしている。

同じように家を買うなら都会で、という本章の話も、結局、戦後一貫して地方から都市部への人口移動が続き、いまだに東京一極集中が続いているから、というのが最大の理由だ。

どこに住んでどんな暮らしをするのかは、個々人の選択の問題であり、価値観の違いがあって当然なのだが、多くの人が都市部での生活を選択している事実は変えようがない。

そして、多くの人が都会での暮らしを選択している背景には、都会の適度な距離感のある、ある種希薄な人間関係の心地よさ、生活利便性や交通利便性の高さといった暮らしやすさ、人が集まることによって持ち家の資産価値が維持されること、知的能力と学歴を基準とした子育て（それが思想的に良いかどうかは置いておいて）に対する有利さ、多様な知的好奇心を満たすことができる待遇の良い仕事があること、といったことも背景にある。
感覚的には異論があるかもしれないが、一つひとつ説明していこう。

「田舎は都会よりも暮らしやすい」はウソ

コロナ禍の感染拡大で一気に普及したテレワークもあって、田舎暮らしが注目されている。実際、軽井沢や那須、伊豆・箱根といった昔からの別荘地だけでなく、房総や湘南の不動産物件への問い合わせも増えたらしい。田舎暮らしへの関心が高まっている背景には、「住みづらい東京」「仕事があるから仕方なく暮らしている大都会」といったネガティブなイメージがあるようだ。しかし、そこには大きな誤解がある。

筆者が手がけている「いい部屋ネット　街の住みここちランキング」、2020年は3〜4月に実施し、累計で35万4521人から回答を得た。結果を見ると、意外な実態が浮かび上がる。

住みここちの自治体ランキングの1位は大阪のベッドタウンとして発展が進む奈良県王寺町だったが、僅差の2位は東京都中央区、3位は大阪市天王寺区と、都心の自治体が続く。4位は名古屋市に隣接する愛知県長久手市、5位は東京都文京区、6位は福岡市中央区だった。以下、7位は大阪府箕面市、8位は名古屋市昭和区、9位は福岡県新宮町、10位は兵庫県芦屋市と、大都市とその周辺自治体が上位を独占している。

ランキングにある町村を数えてみると、100位以内には12町村、200位以内に29町村、300位以内に46町村と、かなり少ない。そして町村とはいっても多くが大都市近郊であり、100位以内でいわゆる田舎暮らしをイメージできるところはほとんどない。

また、都道府県ランキングの1位は東京都で、偏差値71・4。偏差値66・4で2位だった兵庫県を大きく引き離している。3位が偏差値65・5の福岡県、4位は神奈川県、5位は大阪府と、大都市を抱える都府県が上位を独占している。つまり、大多数の人が「都会は住みここちがいい」と評価していることになる。

東京都はどこが評価されているのだろうか。因子別の順位を見てみると、交通利便性、生活利便性、イメージ、親しみやすさ、行政サービスの5因子で1位となった。一方、物価は24位、静かさ・治安は43位、自然・観光は46位と低い。それでも8因子中5因子で1位という圧倒的に高い評価を獲得している。東京都は物価が高く自然もなく住みにくいという一般的な評価は一面を見ているにすぎず、確かに物価は安くないし、自然もなく、静かでもないが、それを上回るだけの暮らしやすさ、楽しさを東京は持っていることになる。

そうはいっても「東京の住まいは狭くて高いではないか」という指摘があるかもしれない。しかし、建物満足度で東京都は全国2位の評価を得ている（建物評価ランキングは未公表）。

そして、住みここちランキングのデータを集計した「街の幸福度&住み続けたい街ランキング2022」では、主観的幸福度で東京都は全国6位となっている。

こうした結果を素直に解釈すれば、「東京は住まいが狭くてコストがかかり、高い物価や人の多さなどもあって住みづらい」というイメージは実態とは乖離《かいり》しており、実は東京は住みやすく、幸せを感じる街だといえる。

つまり東京には限らないが、「家は都会（か、その近く）に買いなさい」と言うことができる。

「住めば都」は本当か

「住めば都」とよくいわれるが、誰でもそこに住み続ければその場所を好きになる、という単純な話ではない。住めば都という言葉には、「人は結局、自分が気に入った場所に落ち着く」というニュアンスが含まれている。実際、人口移動の状況を調べてみると、以下のような興味深い傾向が浮かび上がる。

・地方で生まれ育った若者のうち一定数は、都市を目指す

・地方から都市に来た若者の一部は、出身地にUターンしていく

・都市で生まれた人は、地方へはあまり行かない

住みここちランキングで大都市が圧倒的に高く評価されており、自治体ランキングの上位を大都市とその周辺部が独占していることからも、生活利便性、適度な距離感のある人間関係とともに、様々な出会いやチャンスが存在している大都市が多くの人を引きつけていることが分かる。

こうした人口移動の状況と住みここちの評価から考えると、住めば都になる構造が見えてくる。

・地方の若者のうち、不満を強く感じている人たちは都会に出てくる（残った人たちは比較的不満が少ない＝その場所を気に入っている人たち）

・地方から都会に出てきた若者のうち一定数は、「ちょっと違った。やっぱり田舎のほうがいいや」と思ってUターンしていく。残った人の多くは「やっぱり都会はいいなあ」と思っている
・都会で生まれ育った人の多くは、住みやすくチャンスも多いと思っていて、そのまま都会にいる
・都会で生まれ育った人のなかのごく一部の人たちが、「都会は住みにくい」と思って、地方へ移住していく

こうして、多くの人は自分に合った場所に落ち着いていく。これが「住めば都」の構造である。地方に住む人が「都会は人間関係も希薄だし、ゴミゴミして暮らす気になれないなあ」と言うのは、地方の濃密な人間関係を心地よいと思っているからだ。一方、都会に暮らす人の「田舎は、お店もないし刺激も少ないからなあ」という意見は、都会の雑然とした密度の高さを気に入っているからだ。

つまり価値観の相違であり、地方と都会の間に、お互いを理解できない、大きな分断が生まれる原因になっている。そして、この分断は時として、都会から田舎へ移住した人に牙をむくことがある。特に人と人の関係性が都会と田舎では全く違うため、都会で生まれ育った人には田舎の

濃密な人間関係が理解できないこともあるし、田舎の人間関係しか知らない人々からみれば、都会から来た人が適度な距離感だと思っている人間関係への感覚が、トラブルを生むことになる。

地方自治体の多くは、都市からの移住の促進を政策に掲げているが、こうした住民の意識の差に対して十分な説明を行い、トラブル発生時に有効な仲裁が行われているとは限らない。そして、受け入れ側には、新しい住民を適度な距離感で受け入れる雰囲気があることが必要だが、そうした意識改革を地元出身者の多い行政職員が、地域住民に求めることは難しい。〝田舎暮らし〟に夢はあるが、誰もが、どこに行っても「住めば都」になるわけではないのだ。

そもそも広がっていない地方への移住

最もリスクが低い〝田舎暮らし〟を実現する方法は、自分の出身地に戻ることだろう。周りは自分が昔から知っている人たちで、地域の事情もよく分かっているから、なじむことは難しくないかもしれない。しかし、自分だけが移住するならいいが、家族も一緒となると必ずしもなじみやすい場所になるとは限らない。また、都会で生まれ育った人には、そもそもそういったいわゆる〝田舎〟は存在しない。そして、都会に暮らす人々がイメージする田舎暮らしには、典型的なパターンがある。都会的な適度に距離感のある人間関係を前提として、〝自由気ままに暮らす〟田舎暮らしである。

しかし、多くの田舎において自由気ままな暮らしは、地域の秩序を乱すことになる。田舎では地域の共同体としての義務、例えばお祭りへの参加、清掃作業、町内会活動などがあり、とても自由気ままな生活とはならないことが多い。そして、この（移住者から見れば小さな）意識の差が、様々な問題を引き起こす遠因となる。

こうしたことを考えると、暮らしやすくリスクの低い〝自由気ままな田舎暮らし〟ができる場所はかなり限られる。例えば、都会からの移住者が多い場所では、昔からの地域社会と移住者のコミュニティーが分離されていることが多い。軽井沢や那須といった定住者の多い別荘地の人気が高いのには、こういった背景があるのだ。

一方、子育て世帯の場合には、地域社会と距離を置くことは難しい。学校コミュニティーは地域が中心になっているからだ。同時に、子どもにとって移住は、友達関係を一からつくり直すことを強いられるため、大きなストレスになることも認識する必要がある。自然豊かなゆったりした時間の流れる環境で子どもを育てたい、というイメージがあるかもしれないが、それが子どもにとって良いことだという明確な根拠があるわけではない。

コロナ禍で「言われてみれば田舎暮らしもいいかもなあ」という雰囲気が醸成されたのは事実だろう。東京都の人口が減少に転じた、という話題もそれを助長している。しかし実態は違う。総務省の「住民基本台帳人口移動報告」によると、東京都の人口が減少しているといっても、その絶対数は多い月でも4000人程度。約1400万人の総人口に対する比率は0・03％程度にすぎない。そして、コロナ禍まっただ中の2021年にも、3月は約4万人、4月にも約4000人の増加となっており、年間でみれば人口が増加し続けていることに変わりはない。

さらに範囲を広げて首都圏の1都3県全体で見ると人口の増加傾向に変わりはなく、東京からの人口流出の多くは神奈川県・埼玉県・千葉県が移動先であることが分かる。こうした傾向は、2008年のリーマン・ショックの時と2011年の東日本大震災の時にも観察されている。今回の東京都から周辺への人口移動も、テレワークによるものというよりは、収入が減少するなどして生活費の安い地域へ移動する必要に迫られたという、経済的理由によるものが多いと考えるべきだろう。

コロナ禍で移住への意識が高まったのは事実だ。しかしそれは、大企業のホワイトカラーに多い（そして、地域でいえば首都圏在住者が圧倒的に多い）、テレワークができる人々に限られたものと考えるべきだ。結局、メディアや一部の有識者があおるほどには人々は移動していない。

仕事の合間に〝夕日を見ながらリラックスしている、田舎暮らしの自分〟を想像するのは確かに楽しい。しかし、実行に移すのが容易ではないことは心得ておくべきだろう。

「住みやすそう」で全国最下位の東京都だが本当は住みやすい

コロナ禍となった2020年以降、人口の転出超過に注目が集まる東京都。しかし3月、4月になれば依然として圧倒的な転入超過が起きる。進学や就職などで上京する人が多いからだ。彼らの多くは「東京は住みにくい場所だ」という不安を抱きながら東京へとやってくる。

一方で、東京都が都民を対象に行ったアンケート結果では「今後も東京に住み続けたい」という回答が9割を超える。果たしてどちらが東京の本当の姿なのだろうか。

「街に人が多くてゴミゴミしている」「物価が高くて治安も良くない」「自然もない殺風景な場所

だ」――。地方に住む人たちに、東京についての印象を聞くと、そんな答えが返ってくることが少なくない。

実際「いい部屋ネット　街の住みここちランキング」が2022年に発表した「街の魅力度ランキング2022〈都道府県版〉」では、東京都に住んでいない人からの東京都に対する「住みやすそう」という評価は、なんと全国で最下位だった。

この調査では、回答者が現在住んでいない都道府県をランダムに表示し、その都道府県について「住んでみたい」「住みやすそう」「よく知っている」といった項目を回答してもらった。回答者数は約18万6000人、1都道府県当たりの評価回答者は4000人程度とかなりのサンプルサイズを確保している。

この調査データを首都圏1都3県について集計したものが次ページの表である。

結果を見ると、いずれも比較的良い評価を得ていることが分かる。特に神奈川県は、「住んでみたいと思う」1位、「住みやすそう」3位、「よく知っている」6位など、高い評価を得ている。東京都も、「よく知っている」2位、「ビジネスが盛ん」1位と非常に高い評価となっている。ところが、「住んでみたいと思う」は14位と下がり、「住みやすそう」という項目に至っては、なんと47都道府県の最下位になってしまった。

非居住者からの、首都圏各都県に対する評価

回答者数	東京都(3631人)	神奈川県(3779人)	埼玉県(3854人)	千葉県(3990人)
住んでみたいと思う	14位	1位	23位	8位
住みやすそう	47位	3位	7位	4位
よく知っている	2位	6位	21位	11位
住んだことがある	1位	6位	4位	5位
ビジネスが盛ん	1位	3位	10位	8位

出所：いい部屋ネット　街の住みここちランキング2022

居住者からの、首都圏各都県に対する評価

回答者数	東京都(2万335人)	神奈川県(1万3489人)	埼玉県(1万802人)	千葉県(9227人)
居住満足度	1位	2位	10位	12位
生活利便性	1位	3位	11位	10位
行政サービス	1位	10位	13位	18位
親しみやすさ	1位	3位	8位	11位
交通利便性	1位	3位	8位	11位
物価・家賃	28位	33位	13位	21位
建物満足度	1位	3位	10位	9位

出所：いい部屋ネット　街の住みここちランキング2022

この調査では、実際にその都道府県に居住している人たちに対して「居住満足度」も聞いている。神奈川県に住んでいる1万3489人の回答を集計すると、居住満足度は47都道府県中2位、東京都に住んでいる2万335人の回答を集計すると、居住満足度は同1位だった。「生活利便性」「行政サービス」「親しみやすさ」「交通利便性」といった多くの因子で1位と極めて高い評価を得ている。

東京の住みにくさは、住んだことがない人が持つイメージ

このような違いが起きる原因を探るために、さらに分析を進めてみた。すると、現在東京に住んでいない人の回答を、東京に全く住んだことがない人と、東京に住んだことがある人に分けて集計した場合に、有意な差があることが分かった。

東京での居住経験がある人の東京に対する「住みやすそう」という評価は100点満点で47・6点（ややネガティブ）だが、居住経験が全くない人の評価は、100点満点で30・9点とかなり低くなっていた。さらに、勤務先が東京都内だったり、東京に住んでいる人と接する機会が多かったりする神奈川県・埼玉県・千葉県の居住者に絞ってみると、100点満点で47点程度と、

東京での居住経験がある人と同水準だった。この47点という評価は、47都道府県の順位にすると20位相当の点数である。

つまり、東京のことを体験として知っている人の、東京に対する評価は決して最下位級の低さではない。

では、東京の住みにくさのイメージはどのように定着してきたのだろうか。

一つには、メディアの報道や国の政策に遠因がありそうだ。この数十年、東京一極集中は良くないことだとされ、地方への人口の分散と地方創生が重要な政策課題とされてきた。そうした流れの中で、最近では「デジタル実装を通じて地方が抱える課題を解決し、誰一人取り残されず、すべての人がデジタル化のメリットを享受できる心豊かな暮らしを実現する」という「デジタル田園都市国家構想」も提唱されている。

メディアでもテレワークによる地方移住や2拠点居住などの事例が象徴的に取り上げられ、東京の住みにくさや、仕事のために仕方なく東京に住んでいる、というイメージを強調している。そのイメージが、東京に住んだことのない人々に浸透し「住みやすそう」という評価で47都道府県の中で最下位という結果を生んだのではないだろうか。

しかし、実際に住んでみると、東京は意外と住みやすい、というのが事実だ。この、イメージと実際に住んでいる人の満足度との乖離《かいり》は、大阪や名古屋など、ほかの大都市に関しても同じことが言えるだろう。第5章で詳述するように、大都市圏では都市部の住みここちがいいという評価が多い。であれば、そこに家を買うべきだろう。

もちろん、大都市の物価や家賃は高く、一定の所得がなければ住めない場所も多いが、意外と家賃や物価が手ごろな場所も多い。日本全体で、大都市とそれ以外で暮らし方が大きく違うように、東京を含む首都圏内でも物価や家賃が非常に高い地域とそうでもない地域が混在している。

今の日本には、そうした二重構造があるのだ。

人と会うことの大切さ

コロナ禍で東京からの人口流出が話題を呼んでいるが、これもいつまで続くかは見方が分かれるところだ。

筆者が企画し大東建託賃貸未来研究所が実施した「新型コロナウイルスによる意識変化調査」の5回目の結果を見ると、「新しい人との出会いがなくなった」という回答は、テレワーク実施者で76・8％と非常に高く、テレワーク未実施者も63・6％と高い。

そして、「人と会うことは大切だと再認識した」のはテレワーク実施者で50・9％と半数を超える。コロナ禍は人との出会いを抑制し、それとが新しいイノベーションを生み出すことを阻害した可能性がある。

コロナ禍以前なら様々な場に人が集まることで、偶発的な出会いやその場での紹介などを通じて、人間関係を広げていくことができたが、オンラインの会合にはそのような出会いはほとんどない。しかもオンラインでは名刺交換もままならず、誰と会ったのかの履歴も残しにくい。オンラインでの人間関係構築には限界がある。

おそらく、これから対面で人と会うことの大切さを認識した人たちが、人がたくさんいて新しい価値を生み出せる可能性のある場所、すなわち東京に戻ってくるだろう。

ちなみに、東京都が2022年3月10日に発表した「令和3年度第5回インターネット都政モニターアンケート　東京と都政に対する関心（回答者数：487人）」の結果を見ると、東京の良いところとしては、「交通網が充実している：62・6％」「物や店が豊富である：32・6％」「芸術や文化に触れる機会が多い：31・8％」、東京の良くないところとしては、「物価や地価が高い：58・9％」「朝・夕の通勤電車のラッシュがひどい：53・6％」「クルマや人が多い：43・1％」などとなっており、良いところも悪いところもあるが、総合的には「今後も東京都に住み続けたい」という回答が92・6％と非常に高くなっている。

この調査結果を踏まえても、東京からの人口流出は大きな流れにはなりそうもない。

東京の新築マンション価格はバブルではない、さらなる上昇もあり得る

近年、不動産価格は上昇を続けており、コロナ禍や東京オリンピック・パラリンピック終了の影響も受けている様子はない。

なぜ、給料が上がらないのに不動産価格が上がっているのだろうか。購入者の属性や販売される物件の中身を細かく見てみると、価格が上昇しても売れ続ける理由が見えてくる。

不動産価格が高値を付けた時期といえば、バブル経済期を思い浮かべる人が多いのではないだろうか。しかし実は、不動産経済研究所（東京・新宿）が公表している首都圏の新築マンション

平均価格の推移を見ると、現在の価格はバブル期よりも高い。

2009年の東京23区の新築マンション価格の平均値は5190万円、中央値は4680万円だったが、2019年上半期には平均7644万円（2009年比147・3%、以下同）、中央値6698万円（143・1%）と大幅に上昇している。

バブル期以降、新築マンション価格は大幅に下落し、東京23区の平均価格は2002年の4003万円が最安だった。それと2019年上半期の平均価格7644万円を比べると、191・0%と2倍近い上昇になっている。

首都圏全体では、2009年の平均値4535万円、中央値4150万円が、2019年には平均値6137万円（135・3%）、中央値5399万円（130・1%）と大幅に上昇している。バブル期の1990年の首都圏全体の平均価格は6123万円だったので、2019年の価格はバブル期を上回っている。

地方の不動産価格は人口減少などの影響もあり下落傾向にあるが、首都圏では20年前と比べて新築マンション価格は2倍近くに高騰しており、10年前と比べても1・5倍程度になっている。

一方、バブル崩壊以降、日本は長らくデフレが続き、給料は上がっていないと言われる。確かにネットで「給料上がらない」と検索してみると、たくさんの記事が出てくる。その記事のほとんどは、国税庁の「民間給与実態統計調査」か、厚生労働省の「賃金構造基本統計調査」のデータを基にしているようだ。

国税庁の民間給与実態統計調査には1949年（昭和24年）から2019年（令和元年）の長期時系列データがあり、その総括表を見ると、以下のような変化がある。

・1999年と2019年を比べると、平均給与は461・3万円から436・4万円へと5％下落している。
・2009年と2019年を比べると、平均給与は405・9万円から436・4万円へと8％上昇している。

日本のバブル経済期は1985年のプラザ合意後からだといわれているが、1985年の平均給与351・7万円を100とすると、1997年の467・3万円の133がピークで、その後2008年のリーマン・ショックの影響を受けて、2009年には405・9万円の115まで低下した。その後やや持ち直して、2019年には436・4万円の124となっている。

厚労省の賃金構造基本統計調査にも、1976年（昭和51年）から2019年（令和元年）までの長期時系列データがあり、以下のような変化がある。

・1999年と2019年を比べると、平均給与は496・7万円から537・8万円と8・3％上昇している。

・2009年と2019年を比べると、平均給与は470・5万円から537・8万円と14・3％上昇している。

国税庁のデータと厚生労働省のデータでかなりの違いがあるが、こうした数字を素直に解釈すれば、平均としては、確かに給料はあまり上がってはいないが、大きく下がっているともいえない、ということになるだろう。

もちろん、国際比較としての実質賃金指数や消費者物価指数では、日本だけが低位安定であり、先進国の中で日本だけが物価も賃金も上がっていないというのは事実だろう。しかし、国際比較を日常で実感することは一般的には皆無だろう。マクロ経済の指標の分析と個々人の利害がぶつかり合う生身の市場では、その様相が全く違う。

実はここに、平均給与が上がっていないのに、不動産価格、特に首都圏の新築マンション価格が大きく上昇した理由が隠されている。

実は、多くの人の給料は大きく上がっている

統計理論の記述統計では、平均値や中央値、データの分布といったことは極めて重要だが、一方でコーホート分析と呼ばれる、同じ時期に生まれた人を時系列で追っていく分析や、同一の個人を時系列のデータとして扱うパネル・データ分析と呼ばれる手法がある。

そして、給料が上がっているかどうか、という観点では、全データの記述統計としての平均と、世代としての変化を見るコーホート分析や個人の変化を見るパネル・データ分析では全く違う結果になる。統計データをどう扱うかで、結論が正反対になるのだ。

実際、賃金構造基本統計調査の年齢階級別の年収を見ると以下のような変化となっている。

・25〜29歳の年収は、1999年に389・9万円だったものが、2009年には365・3万円へ6・3%下落した。しかし2019年には418・7万円となり、1999年と比べて7・4%増となっている。

・45〜49歳の年収は、1999年に602・7万円だったものが、2009年には580・8万円へ3・6％下落した。しかし2019年には615・6万円となり、1999年と比べて2・1％増となっている。

約25年前の1999年に25歳だった人は、2019年には50歳近くになっているわけで、年収で見ると389・9万円が615・6万円と225・7万円増えて約1・6倍になっている。もちろん、企業規模や雇用形態、職種等によって水準は異なるが、一人ひとりの個人で見れば、年齢が上がったことで、給料は大きく上がったことになる。

全体の平均で見れば、確かに20年前から給料はあまり上がっていないのだが、日本企業の給与体系には、正社員を中心にまだまだ年功序列が根強く残っているため、年齢が上がるとともに給料が上がる構造が温存されている。

結局、多くの人は、少しずつだが給料が上がっている。しかも共働き率が上昇し続けていることから、家を買うような世帯の年収は、上昇し続けている、ということになる。給料が上がっていない、というのは、単なる統計上の平均の話なのだ。

そもそも日本は、欧米のような年齢に関係なく給与が決まるジョブ型雇用の社会ではないため、平均値による単純な経年比較はなじまない。しかも、定年後の給与は大幅に下がることが多いため、高齢者が増えれば全体の平均は下がっていくのは当たり前なのだ。

とはいえ、新築マンション価格が20年で2倍近く、この10年でも1・5倍になっているのは、さすがに上がり過ぎではないか、という意見もあるだろう。

不動産を買う人は高齢化し、十分なお金を持っている

新築マンションの価格はこの20年で大きく上昇しているが、その主な理由は以下のようなものになるだろう。

まず、購入者が高年齢化していることが挙げられる。国土交通省の住宅市場動向調査によれば、2019年の分譲マンション購入者のうち40歳以上の比率は49・1％で、e－Stat（政府統計の総合窓口）に掲載されているデータで最も古い2006年の38・0％から10ポイント以上増加している。

購入者の平均世帯年収は、2006年が709万円で、世帯年収800万円以上の世帯比率は26・3％だった。これが2019年には平均世帯年収が798万円に上がり、世帯年収800万

円以上の世帯比率が35％以上に増えている。これは全国平均なので、首都圏に限れば平均年収はもっと高くなるだろう。

購入者の属性が変わったことに加え、新築物件の変化も影響している。大きいのは、タワーマンションの増加だ。共用部が充実し、価格が高めに設定されることが多いタワーマンションが増えたのは1997年の高層住居誘導地区の設定後で、2009年には首都圏の新築マンション供給の半数はタワーマンションとなり、2019年でも25％以上となっている。

断熱性能、遮音性能等に大きく影響するサッシの1990年代以降の性能向上も著しい。一般社団法人板硝子協会の調査によれば、1997年時点では新築共同住宅への複層ガラスの戸数普及率はわずか11・5％だったが、2019年には85・7％まで上昇している。2000年にはいわゆる新・新耐震基準が導入され、基本構造の性能向上、サッシ以外にも住宅設備の性能向上、品質向上などがあり、住宅品質自体も向上しているが、同時にコストも増加しているわけで、当然価格に反映されている。

さらに、新築マンションの供給自体が大きく減少している。不動産経済研究所のデータによれば、新築マンションの供給は1999年に全国で16万2744戸（首都圏8万6297戸）あったが、2009年はリーマン・ショックの影響で全国7万9595戸（首都圏3万6376戸）

と大きく減少し、2019年も全国で7万660戸(首都圏3万1238戸)と2009年を下回っている。新築マンションの供給数自体が20年前と比べて半減しているため、売り手市場になっているのだ。

東京23区居住カップルの特殊性

首都圏の新築マンション価格は、バブル期を超えて史上最高値になっているが、ここには東京23区居住者の特殊性も影響している可能性が高い。

日本の企業に根強く残っている年功序列賃金制度のために、個々人で見れば年収は年齢の上昇とともに上がってきている。しかし、その水準は20年前よりも大きく上がっているわけではない。とはいえ、それもまた平均の話であって、個別の状況を見ていくと違う姿が見えてくる。

2019年の全国家計構造調査では、東京都の2人以上の一般世帯の50~54歳の世帯年収は1000万円を超えている。また、2017年の就業構造基本調査の結果では、東京都の共働き世帯年収の最頻値は1000万円以上1200万円未満であり、その比率は16%となっている。そして、年収1000万円以上の世帯数の絶対数はなんと68万4800万世帯となっている。

首都圏で供給される新築マンションは平均6000万円を超える価格となっているが、供給戸数が縮小し年間3万～4万戸程度であれば、首都圏全体では十分な購入層が存在していることになる。そして、この状況は首都圏で貧富の差が拡大していることを示唆しており、高騰している新築マンションは特殊な市場になりつつある可能性がある。

東京23区を中心とする首都圏の特殊な状況は、夫婦の学歴構成の特殊性にも表れている。夫婦の学歴の組み合わせを含めた変化については、橘木俊詔、迫田さやか著『夫婦格差社会～二極化する結婚のかたち～』（2013年）に詳しいが、筆者が企画設計分析を行った「街の住みここちランキング」の個票データを分析しても、首都圏の特殊性が見て取れる。

住みここちランキングの回答者のうち結婚している33万人のデータを集計してみると、夫婦両方が大卒以上である比率は、全国平均で24％だが、東京都は37・5％と全国でも突出して高い。

この傾向は、年齢が若いほど顕著で、回答者が40歳未満の場合で夫婦両方が大卒以上である比率は東京都が50・8％と半数を超えている。さらに細かく見ていくと、千代田区74・4％、世田谷区71・1％、文京区70・2％と、40歳未満の大卒以上夫婦の比率が極めて高い地域がある。さらに夫婦両方が大卒以上で、両方が正社員の共働きである比率は千代田区で75・4％、品川区の65・4％など極めて高い。全国で見れば、40歳未満で夫婦両方が大卒である比率は平均31・5％

で、15%未満の県も2つある。東京23区の特殊性は際立っている。

本人たちはその特殊な環境と状況に気づかないまま、東京23区を中心とする首都圏中心部の一部の地域は、高学歴で共働きで高年収という特殊な人々が居住している地域となっている。それが首都圏の新築マンション市場の特殊な状況をつくり出しているといえる。

バブル期を超える首都圏の新築マンション価格は、高学歴高年収夫婦のニーズに対応して、市場の調整機能が働いた結果と考えるべきだ。そしてコロナ禍の状況が落ち着いた今、人と会う価値が改めて見直され、アクセスが便利な都心のマンションの人気が高まるかもしれない。

しかも、国際的に見て東京の不動産が割安であることも考えると、今後もさらに価格が上昇する可能性は十分にあるだろう。

都会と郊外、居住地の〝分断〟はさらに加速する

東京23区の新築マンションの平均価格がバブル期を超えた理由の一つとして、東京23区には世帯年収が1000万円を超え、夫婦両方が大卒以上で正社員の共働き夫婦が多いことを挙げた。東京23区だけではなく首都圏には大企業が多く高い年収が得られる仕事も多いが、なぜ23区にそうしたパワーカップルが集中しているのだろうか。

そこには、「人は似たもの同士が集まるようになっている」という社会的習性がある。居住者の属性は地域によってどのように違い、それが不動産価格等にどのように影響しているかを見てみよう。

企業組織を中心として、世の中では多様性（ダイバーシティー）が非常に重視されるようになっている。経営学の分野でも人材の多様性は業績を向上させる、といった研究成果が見られ、女性管理職比率、女性役員比率が経営指標として提示されることもある。また、街づくりでも多様な人々が暮らし、新しい価値を生み出す活力のある街が理想とされていることが多い。

しかし、こうしたダイバーシティーには、新しい「あるべき社会規範」というある種の理想論的な思想の傾向があるように思う。

東京を中心とする首都圏は、多様な人々が暮らす、間違いなくダイバーシティーな街であり、コロナ禍においても人が集まり続けている。大手町のオフィス街には多様な人種の様々な職種の人たちが働き、新宿周辺は多国籍なにぎわいのある繁華街を形成し、男女の違いやLBGTなどの性的少数者に関する寛容性・受容性も格段に高まっている。

しかし、そうした人たちがどこに住んでいるのか、ということを注意深く見ていくと、実は住まいの観点ではダイバーシティーは進んでいない。多様な人々が交ざり合って暮らしているというわけではなく、むしろ分断が進んでいる。世の中全体でのダイバーシティーへの意識は高まっているとしても、身近な生活の範囲では様相が異なる。心理学で類似性の法則と呼ばれる、自分と似た人に好感を持ちやすいという心理効果が働き、意識的ではないとしても、人は、自分と同じような人が住んでいる場所を選択する傾向があるのだ。

所得の違いが居住地を分断し始めている

街にはその街ごとの雰囲気というものがある。いつもと違う場所に行くと自分の住んでいる場所との違いを感じることがあるだろう。

街の雰囲気は、住んでいる人たちによって決まってくる。そこには個々人の学歴や職業、年収といった様々な要素が関係している。ただ、日本は欧米と比べて属性の違いを実感することが難しいかもしれない。欧米の場合は人種が多様で、富裕層はクルマを利用するのに対して低所得者層は地下鉄やバスなどの公共交通機関を利用することが多い傾向があるなど、差が顕著に表れる。しかし日本は欧米よりも人種の多様性が比較的低く、治安も良いことから所得によって利用する交通機関が大きく違うといったことはない。

そうした見えにくい地域の居住者属性の違いを可視化しようと試みたのが、筆者の2018年の論文「富裕層および団地の集積が家賃に与える影響」だ。1都3県の中心部で所得の高い世帯が居住している地域をグレーで表したのが、次ページのマップである。

東京都心3区と23区南西部および中央線沿線、川崎市・横浜市の北部と横浜市山手地区および鎌倉市周辺、さいたま市南部、千葉県では浦安市と千葉市美浜区、印西市といった地域に、「所得区分9」と示した所得の高い世帯が集積していることが分かる。

こうした地域に住んでいる人たちは、意識してのことか、無意識かは分からないが、結果的に似たもの同士が集まって住んでおり、それが地域の雰囲気を形成している。

類似性の法則は同類性とも呼ばれ、顕著に働く例として結婚がある。前述の通り、東京23区には夫婦の両方が大卒で正社員という組み合わせが非常に多い。この同類性は昔より強まっており、

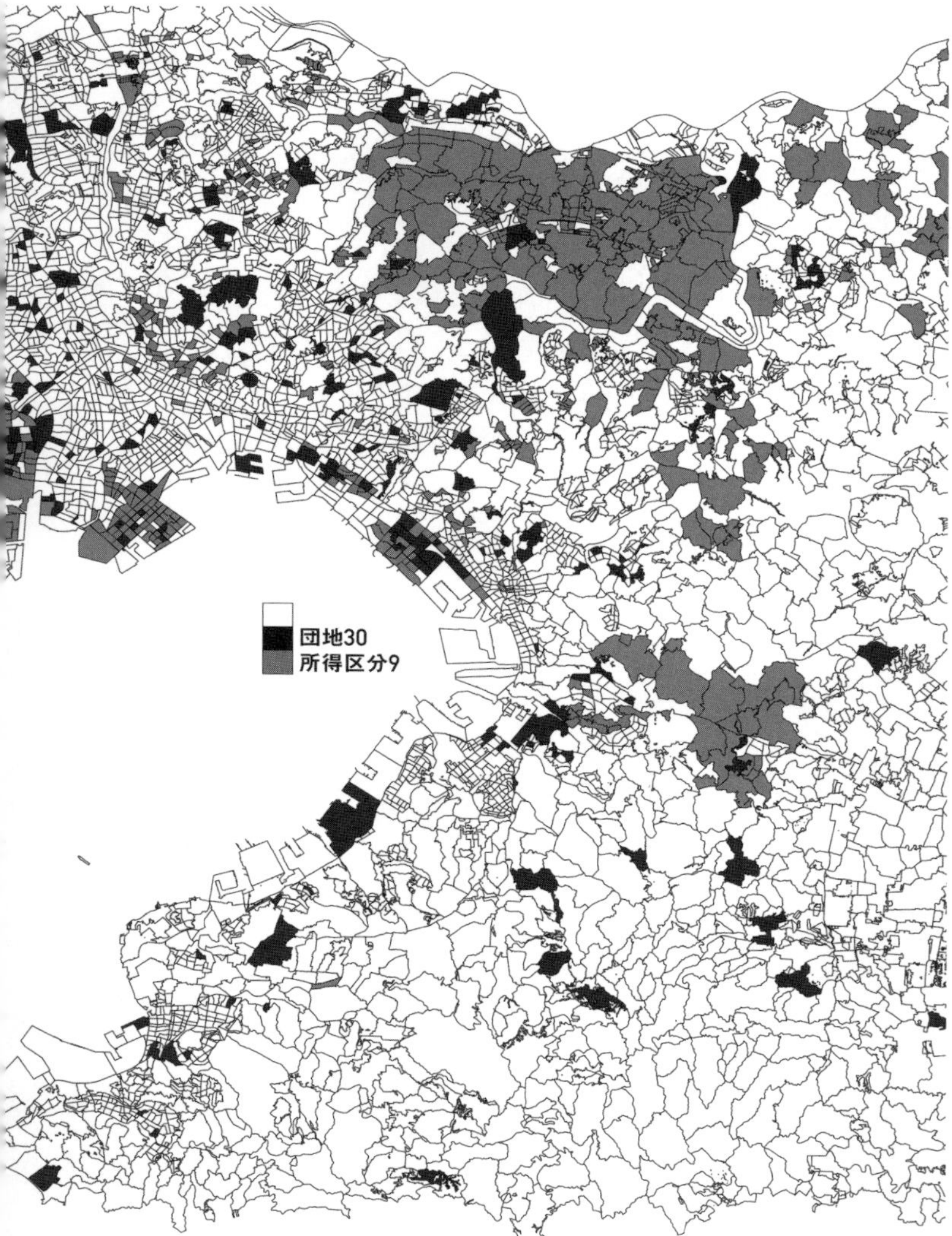
団地30
所得区分9

首都圏の所得の高い世帯（グレーの部分）の分布　黒色は団地の多い地域

出所：宗健・新井優太「富裕層および団地の集積が家賃に与える影響」都市住宅学会2018年学術講演会

筆者が企画設計分析を行った「いい部屋ネット　街の住みここちランキング」の個票データを集計してみると、全国の既婚者で夫婦両方が大卒である比率は24％だが、回答者が40歳未満の場合には31・5％に高まる。これは、若年層の大卒率が高いという影響もあるが、東京都では50・8％と半数を超えている場所もある。

似た人と結婚し、子どもも似たもの同士で仲良くなる

そうした同類性の高い夫婦の子どもたちもまた、同類性が高くなっていく。居住地の影響はもちろんのこと、日本では「勉強ができる子がいじめに遭いやすい」という特殊性も影響している可能性がある。

国立教育政策研究所が2017年に発行した「PISA2015年調査国際結果報告書」では、「からかわれた」といういじめの被害経験は、科学的リテラシーの得点の増加とともに単調に増加し、最も高い得点層（第10群）では22・5％に達するとされている。これは経済協力開発機構（OECD）に加盟する先進38カ国の平均とは正反対の傾向となっている。

現在50歳代後半の筆者は福岡県の郡部の街で育ったが、確かに勉強ができる子がからかわれる

ことが多かったという実感がある。それが、日本ではいまだに続いているということなのだ。そうだとすれば、子どもたちもおのずと自己防衛のために同類性の高い友達同士でグループをつくるようになる。首都圏ではそれが中学受験の過熱を生み、小学6年生ともなれば運動会でかけっこが1番であるよりも塾のクラスが上であることが評価されるといった特殊な状況が生み出されている。

さらに行動遺伝学では、友達関係のような非共有環境が子どもに与える影響は非常に大きい、という結果も出ている。行動遺伝学では、一卵性双生児が何らかの理由で別々に育った事例を集め、遺伝による影響と共有環境（家庭環境）・非共有環境（子どもの友達関係）の影響を分析している。一卵性双生児なのだから遺伝的差異はなく、別々に育ったのであれば、家庭環境も友達関係も異なるので、違いを分析できる、というわけである。

慶應義塾大学文学部教授・安藤寿康氏の著書『遺伝マインド――遺伝子が織り成す行動と文化』（2011年）によれば、認知能力や才能に対する影響は総じて遺伝的要素のほうが大きいが、非共有環境（子どもの友達関係）の影響も大きい。さらに、性格形成への影響は遺伝的要素よりも、非共有環境（子どもの友達関係）の影響のほうが大きい。

簡単に言えば、子どもの友達がどんな人たちなのかによって、その子どもの能力や性格がある程度決まってしまう、ということになる。だとすれば、親は子どもにとって良いと思われる友達が多そうな地域に住むことを選択するだろう。

たまに、「私は田舎町で、勉強ができる子、ケンカの強い子など様々な人たちに、もまれて育ったことが良かった」という人がいる。その人はそうした環境を生き延びることができ、そのような発言ができる今日があるわけだが、一方でそうならなかった人がいるかもしれない、という想像力も必要だろう。

首都圏では高学歴・高収入世帯の再生産が繰り返される

コロナ禍の影響で東京都への人口の流入超過が止まった時期もあったが、1都3県全体で見れば人口の流入超過の傾向は止まっていない。東京都への人口集中も再び始まっている。その流入超過の多くは、地方からの進学・就職による若年層が占めており、なかでも地方からは高学歴の女性の流入が多いことはかねて指摘されている。

日本では勉強ができる子がいじめに遭いやすい傾向があることは前述の通りで、地方ではダイバーシティーどころか、いまだに男女間で大学進学率に大きな差がある場所も多い。男性に比べて女性の大学進学率が低い場所では、大卒女性は地域で少数派となり、男性優位の地域社会では生きづらい。

女性の場合は自分よりも学歴の高いパートナーを好む、いわゆる上方婚と呼ばれる傾向があるため、地方では結婚相手が見つけにくいこともある。そのため都市へ移住する、もしくは都市部の大学に進学して、そのまま出身地には戻らないといったケースが多くなる。結果として首都圏、特に東京都には男性だけでなく若い高学歴の女性が集まることになるが、この状況を結婚市場として経済学的に分析したのが中川雅之「東京は『日本の結婚』に貢献」（2015年）である。

この研究では、高学歴女性が地方で自分と同等以上の学歴を持つ男性を見つけることは困難だが、都市であればそれが可能になることを示し、「効率的な結婚市場である東京都は、未婚者を引き付け、カップルとして周辺県に送り出すという、大都市圏の中心都市と郊外都市に一般的に観察される機能を、全国的な規模で果たしている」と喝破している。

東京都の婚姻率や出生率は低いが、これはいざ結婚するとなると生活コストが高いため、周辺県に流出しているためだという。つまり東京は男女の出会いの場として重要な役割を果たしており、中川氏は「このような実態を背景とすれば、東京大都市圏への一極集中に対して、強い介入を行うことはやや慎重にすべきではないだろうか」とも指摘している。

実態はより明確で、結婚した世帯の所得が東京都内で暮らすには十分でない場合は周辺県へ流出し、夫婦両方が大卒の正社員で、東京都内で暮らすために十分な所得がある場合には、東京都内にとどまることが多くなる。

こうして、東京で生まれ育った勉強のできる若者に加えて、地方の勉強ができる若者が東京に集まり、その一部が所得の高い高学歴カップルとなって再生産される。

2018年の住宅・土地統計調査（住調）によれば、東京23区の子どもあり世帯の持ち家率は65・4％で、全国平均の76・2％よりは低いが、不動産価格の水準を考えれば相当高いといえるだろう。

実は首都圏の不動産価格の高騰と、家賃と不動産価格の地域差は、こうした居住者属性である程度説明ができる。こうした傾向が今後も続くのであれば、首都圏の不動産価格は平均としては上昇を続け、一方で首都圏内でも価格差が広がっていくのかもしれない。

そして残念ながら、こうした状況は再生産され、都市と地方の格差も広がっていくだろう。

子どもの幸せを考えるなら、家は都会に買いなさい

前項の終わりに少し触れたが、この項では昨今話題の子育ての観点から、なぜ持ち家を都会に買うべきなのかを考察したい。

「いい部屋ネット　街の住みここちランキング」上位の街について最も好まれる説明は「子育て環境の充実」だ。それが一番納得しやすく、メディアの視聴者・読者からも求められていることなのだろう。自治体は子育て世帯を呼び込もうと、子育て支援策を充実させている。しかし、子育て支援策が充実しているからといって、本当に子育てに向いている街といえるのだろうか。実はそうではない。

日本全体の人口が減少するなか、多くの自治体が人口獲得競争に乗り出している。その主戦場は「子育て世帯」だ。

子育て世帯から支持されている自治体としては、東の千葉県流山市、西の兵庫県明石市が有名だ。流山市には駅前から専用のバスで市内各所の保育園まで送迎してくれるシステムがあり、幼稚園と保育園の連携や小中学校の連携教育、子育て支援センターの設置など様々な政策が実行されている。一方、明石市も、高校3年生までの医療費無料化、第2子以降の保育料の完全無料化、0歳児の見守り訪問「おむつ定期便」、中学校給食費の無償化、公共施設の入場料無料化などを実施している。同市のウェブサイトには「明石市の子育て支援はまだまだお得！」との文言があり、経済的な側面を強調している。

自治体の子育て政策が、保育環境の整備や経済的支援を中心にしている背景には、子育て世帯の多くが経済的な不安を抱えていることがある。文部科学省の委託調査である令和2年度（2020年度）「家庭教育の総合的推進に関する調査研究～家庭教育支援の充実に向けた保護者の意識に関する実態把握調査～」では、32・7％が「子育てをする上で経済的に厳しい」ことを悩みや不安の内容として挙げており、子育てをしていて負担に感じることとして「経済的な負担」が49・1％を占めている。

だが、子育ての目標はそのコストと手間を最小化することではない。そう考えると、子育て支援策の充実は、子育て世帯にとって本質的な問題なのだろうか。

親は、子どもに幸せになってほしい

リクルート進学総研の「第10回　高校生と保護者の進路に関する意識調査２０２１」によると、保護者の66％が大学・短大・専門学校などへ子どもが進学することを希望している。子どもの将来について気がかりなこととしては、「就きたい職業に就くことができるだろうか」が78％（複数回答、以下同）と最も高く、「就きたい職業が思いつくだろうか」が48％、「職場の人間関係がうまくいくだろうか」が45％、「十分な収入が得られるかどうか」が33％などとなっている。

また、子どもに就いてほしい職業の調査が話題になることもあるが、このリクルート進学総研の調査によると、将来子どもに就いてほしい職業があると回答した保護者は14％にすぎない。そして77％は「子どもが希望する職業なら何でも良い」と回答している。

子育ての目標を簡単には定義できないだろうが、子どもにどうなってほしいかという親の願いは、「大学を出て、やりたい仕事に就き、周りとうまくやりながら経済的にも安定した生活を送ってほしい」というところだろう。最近は人工知能（ＡＩ）の台頭などもあり、「大学へ行く意味はない」「暗記は不要」「学力と社会的成功は一致しない」という言説が語られることが増えたが、そういった考え方が一般化しているとは言えない。そうした言説は、根拠なく個人的な経験を安易に一般化したＥＣＦ（極端な事例による構成）であることがほとんどだろう。

子どもの学力を上げることが幸せにつながる

学術的な幸福度研究の歴史は比較的浅いが、学力と幸福度は関連性があるようだ。例えば２０１０年に大阪大学社会経済研究所（出版当時）の大竹文雄教授らが出版した『日本の幸福度』では、所得と資産が高いほど（ただしそれ以上幸福度が上がらない上限がある）、学歴が高いほど、結婚しているほうが、安定した仕事に就いているほうが（失業していないほうが）、幸福度が高いという分析結果が示されている。

筆者が分析した「いい部屋ネット　街の住みここちランキング２０２１」でも大卒の学歴が世帯年収を高め、世帯年収の高さが婚姻率と子どもがいる率を高め、そうしたことが幸福度を押し上げるといった、同じような分析結果が出ている。

そして、令和３年（２０２１年）賃金構造基本統計調査の結果では、大卒以上のほうが所得が高いこと、大企業勤務のほうが所得が高いこと、大企業のほうが勤続年数が長く雇用が安定していることが示されている。また、日本経済新聞の２０２２年６月８日付けの記事では、非正規雇用の場合の未婚率が高いと報じられている。

子どもの将来の幸せを担保する重要な要素の一つが子どもの学力を高めることなのは否定できない。では、子どもの学力はどうすれば高めることができるのだろうか。

子どもの学力は遺伝と親の努力とお友達が決める

子どもの学力を親の社会経済的背景（ＳＥＳ：家庭の所得、親の学歴）から分析したお茶の水女子大学の「平成29年度（２０１７年度）全国学力・学習状況調査を活用した専門的な課題分析に関する調査研究」では、

- 「おおむね世帯収入が高いほど子どもの学力が高い傾向が見られる」
- 「保護者の最終学歴については、学歴が高いほど子どもの学力が高い傾向が見られる」
- 「大都市ではＳＥＳの高い学校には、高い学校外教育費を支出している保護者が多く」

といった記述がある。

これは、親の学歴が高いほど所得が高く、所得の高さは学習塾など子どもへの教育投資の多さにつながって学力差を生み出している、という一般的な理解に沿ったものだろう。

一方で、近年は行動遺伝学という学問領域での研究成果が蓄積されてきている。例えば前出の『遺伝マインド』では、タークハイマーが提唱した行動遺伝学の3原則、①遺伝の影響はあらゆる側面に見られる　②共有環境の影響は全くないか、あっても相対的に小さい場合が多い　③非共有環境の影響が大きい、ことが紹介されている。

共有環境とは簡単に言えば、子どもたちが共有している家庭環境のことであり、非共有環境とは、兄弟姉妹であっても異なる環境、すなわち友達関係のことを指している。

そして安藤氏は、小さい頃に養子に出されたといった理由で全く違う環境で育ったが、全く同じ遺伝子を持つ一卵性双生児を研究することで、様々な倫理的・行動的形質の遺伝・共有環境・非共有環境の影響を分析している。

研究では、音楽は遺伝が92％、非共有環境が8％、共有環境がゼロ、スポーツは同様に遺伝85％、非共有環境15％、共有環境ゼロ、美術は遺伝56％、非共有環境44％、共有環境ゼロ、という結果が示されている。スポーツ選手の子どもはスポーツが得意だということは、多くの人が納得できるだろう。

一方、幼少時に親から学ぶ言語性知能に関しては、遺伝の影響は14％、非共有環境の影響も28％と低く、最も影響が大きいのは親の子育てである共有環境で58％を占める。そして学業成績は、遺伝が55％、非共有環境が29％、共有環境が17％となっている。

言語能力については、国立情報学研究所社会共有知研究センター長の新井紀子教授が著書『AI vs. 教科書が読めない子どもたち』で、日本語がきちんと分かるという言語能力が学力の基盤である、と指摘しており、読み聞かせや親の会話での語彙や表現の多様さが子どもの言語能力を発達させ、それが学業成績を向上させるという側面があると分析している。

学業成績の過半は遺伝の影響によるとはいえ、親も含めて勉強や読書が日常生活の一部になっているような子育てが学力を押し上げる、ということなのだ。

そうした意味では、2021年にテレビドラマにもなった漫画『二月の勝者』で、中学受験について「君たちが合格できたのは、父親の経済力、そして母親の狂気」というせりふに根拠がないとは言い切れない。

話を安藤氏の行動遺伝学に戻すと、分析結果で注目すべきなのは、子どもの学業成績に非共有環境の影響が29％を占めている、ということだ。これは例えて言うなら、「盗んだバイクで走り出す」ような友達が周りにいるよりも、「成績が良いほうが格好良い」と思うような友達が周りにいたほうが、学力が上がるということだ。

では、どんな地域にどんな子どもたちが多いのか。少し調べれば、自治体ごとに大学進学率や中学受験率に大きな地域差があることが分かる。つまり、住む場所が学力に影響を及ぼすのだ。

文部科学省の令和3年度（2021年度）学校基本調査の結果によれば、学校所在地を基準とした中学生の私立中学校在籍率（居住地別ではないことに注意）は、全国では7・5％だが、東京都は25・2％と突出して高い。地方の県立高校を出た筆者には、私立中学に対する実感値はないが、私立中学を選択するということは、非共有環境である子どもの友達関係をできるだけリスクのないものにしたい、という親の意識が働いているのだろう。

もちろん、「自然環境が豊かな場所でゆったりと子育てしたい」「多様な家庭環境の子どもと一緒に育つことが、社会でもまれたときの力になる」といった考え方もある。ただし、それが子どもの将来にプラスになるかどうか、明確な根拠があるわけではない。

また子育て支援策の充実度と、どんな子どもたちが周囲にいるかの相関関係も明らかではない。

ここまでのデータや先行研究の結果を見ると、子どもの将来の幸せを担保する重要な要素の一つが学力を高めることであり、学力を高めるためには周囲に学力志向の高い子どもたちが多いという環境要因が大切ということになる。そのためには、東京都のような大都市部の私立中高一貫校が多い地域に住むのが良さそうだ。

ただし、それが社会的な合意が得られた結果とは限らず、我々が目指してきた社会、目指すべき社会の姿として適切なものかどうかも分からない。ただ一つ言えるのは、親は誰しも子どもが幸せになることを願っているということだろう。

持ち家は中古で十分 新築信仰はすでに無い

日本は欧米とは違い、新築住宅が大好きだとよくいわれる。「古い建物を大事にせず、スクラップ&ビルドを繰り返している、もうそんなことはそろそろやめてはどうか」という意見もよく聞かれる。また、「日本の住宅寿命は30年程度で諸外国よりも著しく短い」という指摘もある。

しかし、データからは、そのような〝新築信仰〟は近年、薄れてきたことが読み取れる。この項では、なぜ新築信仰が薄れてきたのか、そもそも新築信仰とは何だったのかを考えてみたい。

日本の新築住宅を考えるときに重要なのは、戦後ずっと日本は住宅が不足しており、新築しなければ住む場所を確保できなかった、という社会背景だ。

1958年の「住宅統計調査報告」では、日本の世帯数はわずか1865万世帯だったが住宅は1793万戸しかなく、住宅の絶対数が足りなかった。その後も住宅不足が続き、総数としての住宅が世帯数を上回ったのは1970年前後のことだ。

しかし、その後も都市部への人口移動が続き、総数として住宅が世帯数を上回っていたとしても地域ごとに見たときの住宅不足は解消されなかった。

そして、2018年の「住宅・土地統計調査」では住宅総数は6241万と1958年の実に3・48倍、世帯数も2019年1月1日時点の「住民基本台帳に基づく人口、人口動態及び世帯数」では5853万と1958年の3・14倍になっている。

こうした数字を見れば、日本人に新築信仰があったのではなく、戦後の人口増加と都市部への人口集中に対応するためには、「新築に住むしかなかった」というだけのことだったことは明白だろう。

日本の住宅を考えるときには、耐震基準と生活様式の変化を考慮しなければならない。欧米は特に北部は冬の寒さが厳しいため、数百年前から断熱性と気密性が考慮された建物が建てられてきた。また地震がほとんどないこともあり耐震基準が大きく変わったということもない。さらに生活様式も、100年前とほぼ同じ服を着て、同じ食べ物を食べ、同じ家に住んでいることが当たり前で、変わったのは馬車が自動車になり、手紙がスマホになり、ランプが発光ダイオード（LED）になって、テレビが普及したことくらいだろう。

一方、日本は徒然草で「家の作りやうは、夏をむねとすべし」とあるように、断熱性と気密性は無視されてきた。さらに、社会全体に経済的余裕が出てきた1981年に耐震基準が大幅に強化されたことで、いわゆる旧耐震物件が陳腐化し、資産価値を大きく落とした。

その後も耐震基準の強化は続き、同時に間取りも大きく変わっていった。アニメのサザエさんの家には和室しかなかったが、クレヨンしんちゃんでは和室は一部屋だけになり、妖怪ウォッチの天野家では和室がなくなった。

こうした間取りの変化についての考察は、小松克枝・高橋英樹「人口減少を『住まい方の質』を向上させる好機と捉えるまちづくり政策について」（2017年、「都市住宅学」）を参照いただきたい。間取りが変化するのと同時に、エアコンがあることが当たり前になって、サッシの性能も格段に向上した。

それでも、国土交通省の資料によれば、耐震性不足の住宅はいまだに数百万戸以上あり、人の命を守るためには、まだまだ建て替えが必要な状況が続いている。

このような歴史的背景を無視して、日本の新築着工やスクラップ&ビルドを批判するのは単なる欧米賛美の「出羽守（ではのかみ）」と言われても仕方ないだろう。

中古住宅についても、日本の住宅寿命30年説は研究で否定されており、サイクル年数という測定方法でも近年の住宅寿命は50年を超えている。サイクル年数は、住宅総数をその年の新築着工件数で割ったもので、何年ですべての住宅が建て変わるかを示す指標である。２０１８年だと総住宅数６２４１万に対して新築着工件数が95・３万だったのでサイクル年数は65・５年になる。住宅寿命が一部の人が唱える言説通りであれば、２０１８年の新築着工件数は２００万戸あるはずで、90万台なら毎年１００万戸ずつ住宅が減っていくはずなのだ。

そもそもの住宅寿命30年説は、おそらく１９９６年の建設白書にあった「日本の住宅寿命は建築時期別のストック統計から試算してみると、過去5年間に除却されたものの平均で約26年、現存住宅の『平均年齢』は約16年と推測される」という記載をよく考えないまま引用したか、その誤った解釈による引用を出典確認しないまま孫引用したのだろう。建設白書の記述には「過去5

年間に除却されたものの平均で」という記載があり、正確な意味での住宅寿命ではない。

日本の中古住宅の流通は欧米に比べて少ないといわれており、国土交通省が集計した「既存住宅流通シェア」は、2018年で14・5％にすぎない。これは米国の81・0％、英国（イングランド）の85・9％、フランスの69・8％と比べて非常に低い水準であり、「日本人の新築信仰は明らか」という主張が出てくる背景だが、この数字の計算方法、測定方法にも問題がある。

国交省の既存住宅流通シェアの計算では、分子の既存住宅流通件数は持ち家に限ったものであるのに対して、分母の新設住宅着工戸数には賃貸住宅も含んでおり、計算方法がそもそも適切でない。そのことは国交省も認識しており、近年の資料では、新設住宅着工戸数に賃貸住宅を含む場合と含まない場合の両方を記載するようになっている。

さらに国土交通省の推計の基となっているのは5年ごとに行われる住調のデータであり、5年以内に再度取引があった場合や、事業者間の取引、戸建てが更地にされて土地を分割して分譲された場合などが含まれていない。

こうした点を考慮したデータが、一般社団法人不動産流通経営協会（FRK）が2007年から発表している建物売買による所有権移転登記個数を基に推計した既存住宅流通量および既存住宅流通比率だ。2023年2月に発表された最新の「既存住宅流通量の地域別推計について」では、2021年の既存住宅流通比率は、国交省集計の3倍近くの41・6％と報告されている。

学術研究としても既存住宅流通量の推計は行われている。原野啓氏による「我が国の既存住宅流通量・既存住宅流通シェアに関する一考察」（2014年）では、既存住宅流通シェアはFRK推計よりもさらに高い50％以上あるのではないかと指摘している。

このように中古住宅流通の実態としては40〜50％程度あると考えるほうが適切で、この数値は欧米各国よりも低い水準ではあるものの、極端に低いわけではない。

こうした中古住宅流通比率の高まりは、1981年耐震基準から40年たち、2000年のいわゆる新・新耐震からも20年以上が経過し、建物や設備の品質向上、間取りや外観の変化が一段落して、一般人が見ても築年が分からなくなっているという背景もある。

結局、日本人の住宅に対する考え方が変わったとか、そういった話ではなく、新築住宅の歴史的役割がようやく終わりつつある、ということなのだろう。十分な品質の住宅を望むなら新築を購入するしかなかった時代に比べて、築20年くらいの中古住宅でも十分な性能を担保できる今の状況は、住宅購入の選択肢を広げたという意味で社会の進歩と言える。

ようやく中古で十分、という時代が来たのだ。

2040年、都会と地方の格差は拡大する 迫られる「地域のトリアージ」

この章の最後に、都会と地方の格差が将来どうなるのかを確認しておこう。

世の中には様々な将来予測があるが、そのほとんどはあまり当たらない。その中で将来人口は、誤差はあるとはいえ、比較的予測しやすい。最新の国勢調査の結果と、国立社会保障・人口問題研究所の将来推計人口・世帯数のデータを使って、地域の将来を大まかなベクトルとして予測してみよう。見えてくるのは、2040年には全都道府県で人口減少に転じ、沖縄県だけが世帯数増加となる未来であり、人口減少の加速で「地域のトリアージ」が迫られる将来像だ。

令和2年（2020年）国勢調査の人口速報集計の内容を改めてまとめると、次のようになる。

・人口は1億2622万7000人で、2015年から86万8000人、0・68%の減少

・世帯数は5572万で、2015年から227万、4・2%の増加
・全国1896の自治体のうち、人口が増加しているのは21・8%の414自治体で、残りの78・2%に当たる1482自治体は人口が減少
・しかし、自治体の人口カバー率でみれば、44・2%の5580万人が住む自治体では人口が増加し、残りの55・8%に当たる7043万人が住む自治体で人口が減少
・世帯数が増加しているのは62・2%の1180自治体で、残りの37・8%に当たる716自治体で世帯数が減少
・自治体の人口カバー率でみれば、86・4%の1億906万人が住む自治体で世帯数は増加しており、世帯数が減少しているのは13・6%、1712万人が住む自治体にすぎない

つまり最新の国勢調査の結果から分かるのは、日本全国で人口が減少しているわけではなく、人口が減少している地域と増加している地域が人口比ではほぼ半々に分かれているということだ。加えて、人口カバー率でみれば、多くの人が住んでいる地域では世帯数が増加している。日本人の半分弱くらいの人々が住んでいる場所では、今まで通り人口も世帯も増え続けており、多くの人が人口減少を実感できないのも当たり前だ。

また、人口が減少している場所と増加している場所が分かれていて、人口比でみればほとんどの場所で世帯数が増えているということは、住む場所の選別が進んでいるということになる。

そして、この傾向・ベクトルが今後どうなるかは、国立社会保障・人口問題研究所の「日本の地域別将来推計人口（平成30年＝2018年推計）」と「日本の世帯数の将来推計（都道府県別推計、2019年推計）」を国勢調査のデータと組み合わせると、ある程度見えてくる。

2020年時点で顕在化しつつある地域差

2020年と2015年の国勢調査結果を比較し、自治体を人口増減と世帯数増減の2軸で4つのマトリックスに分類すると129ページの表のようになる。

人口は増加しているものの世帯数が減少している自治体は三つあるが、居住人口は12万人と非常に少ない。このうち名古屋市昭和区が人口10・8万人を占めるが、世帯減少数は19世帯と極めて少ない。残りの二つは大阪府泉南郡田尻町（人口8438人で40世帯減）と福島県双葉郡川内村（人口2046人で153世帯減）となっている。

都道府県別にみると、人口も世帯数も増加しているのは、人口増加率が大きい順に東京都・沖縄県・神奈川県・埼玉県・千葉県・愛知県・福岡県・滋賀県・大阪府の9都府県しかない。一方、人口も世帯数も減少しているのは、人口減少率が大きい順に秋田県・岩手県・青森県・高知県・長崎県・山口県の6県ある。なお、都道府県レベルでは「人口増・世帯数減」はなく、残りの32道府県が「人口減・世帯数増」となっている。

ここから分かるのは、人口減少は当然だが全国一律に起きているのではなく、地域差があるということだ。そして、都道府県のレベルでもグラデーションがあり、さらに都道府県内でもグラデーションがある、という2段階の地域差が存在する、ということになる。

1990年くらいまでは、まだ全国のどこでもおおむね人口も世帯数も増加するという状況だった。しかし、その後地域の状況が分岐し始め、現在では、今までのように人口も世帯数も増加しているという地域と、人口も世帯数も減少に向かいつつある地域に分かれ始めている。

これは人口という観点での成長のベクトルと衰退のベクトルが混在し始めた、ということであり、2020年時点で顕在化しつつある地域差である。もはや、国土の均衡ある発展は望めず、都市への人口集中を総論として批判しても意味がない状況なのだ。

2040年、世帯数増加は沖縄県だけ

2015年と2020年を比べた場合の人口増減と世帯数増減の関係

		人口	
		減少	増加
世帯	減少	810自治体(42.7%) 1700万人(13.5%)	3自治体・12万人
世帯	増加	673自治体(35.5%) 5339万人(42.3%)	410自治体(21.6%) 5573万人(44.2%)

出所：2015年、2020年の国勢調査データから筆者作成

今から20年先の2040年の状況についても、人口と世帯数を基にした同じような分析は可能だ。都道府県別にみると、人口が増加すると予測されている都道府県はなく、沖縄県だけは世帯数が増加する予測となっている。厚生労働省の人口動態統計によれば、2020年の合計特殊出生率は、全国の1・34に対して、沖縄県は1・86とかなり高い。

沖縄の出生率が高い理由として、沖縄は地域や親族の結びつきが強く、その相互扶助によって子育てがしやすいことが考えられ、子どもが多いこと自体が、将来の人口減少を抑制する要因になっている。2040年の沖縄県の人口予測は、2020年に比べてマイナス1・1%と全国で最も減

少率が小さく、人口はほぼ維持できる予測となっている。ちなみに、出生率が最も低いのは東京都の1・13だが、東京都は人口の社会増加（転入と転出の差によって生じる増加）が続くため、2020年に対する2040年の人口減少率はマイナス2・2％と沖縄県についで減少幅が小さい。

人口と世帯数の減少率の両方が10％未満で収まるのは、世帯数減少率の小さい順に、愛知県・東京都・滋賀県・埼玉県・神奈川県・福岡県の6都県となる。残りの41道府県は人口も世帯数も共に、2020年よりも10％以上減少する。中でも、人口が20％以上減少する県は9県、世帯数が20％以上減少する県は2県ある。

市町村別の推計については、世帯数のデータがなく人口の増減のみになるが、2040年時点で人口が増加する予測なのは、全国でわずか150区市町村しかない。その居住人口は2365万人で、2040年時点の総人口1億335万人の22・9％を占めるにすぎない。今とは異なり、2040年時点では多くの人が人口減少を実感することになるだろう。

詳しくは国立社会保障・人口問題研究所の人口推計を参照していただきたいが、2040年時点で人口が増加する自治体をみると、首都圏、名古屋都市圏、関西圏の一部、福岡市、そして沖縄本島南部がその中心であることが分かる。特に東京23区は、18区で人口が2020年よりも増加する予測となっている。これは、今よりもさらに一部の都市部への人口集中が進むことを示している。

こうした確実に訪れるであろう人口動態の未来は、不動産市場にも大きな影響を与える。人口と不動産価格については、一橋大学の清水千弘教授の研究が示唆に富む結果を示している。

清水教授の研究によれば、人口減少は当然、不動産価格を押し下げ、同時に起きる高齢化によって「old dependency ratio」と呼ばれる「生産年齢人口以外の高齢者人口が、総人口に占める割合」が高まることでも、不動産価格が下落すると予想されている。わずか20年後には、首都圏中心部、名古屋市周辺、大阪府の一部と滋賀県の南部、福岡市周辺、そして沖縄本島南部で不動産価格が維持される可能性が高い一方、それ以外の地域では不動産価格が大きく下落する可能性があるということになる。

ただし、清水教授の別の研究では、不動産価格の変動に比べて家賃は粘着性が高いことも指摘されている。年齢が上昇すると引っ越し率が大きく低下することが国立社会保障・人口問題研究所の人口移動調査でも示されていることから、家賃の下落は、不動産価格の下落ほど大きくない可能性もある。それでも、現在進みつつある人口・世帯数の二極化に少し遅れる形で、不動産価格・家賃の二極化が人口減少以上のスピードで訪れる可能性がある。

このような状況になると、地域のトリアージともいえる選択を迫られることになる。県の単位で人口や世帯が大きく減少するとして、その中で一律の人口・世帯数減少を受け入れるのか、特定地域への人口の集約を目指すのか、という議論である。

交通機関の発達により都市間の時間的距離が縮まっていることがこの問題を複雑にしている。例えば、九州北部や山口県の一部では福岡市への人口集中が進んでいる。佐賀県・長崎県・大分県・熊本県や山口県西部からは福岡市まで高速バスで2、3時間で移動でき、日帰りが十分可能になっている。

日帰りも可能なほど交通機関が発達したのだから、わざわざ都市に住む必要はない、と考える人が増えるのか、逆に頻繁に遊びに行くことを考えれば、いっそのこと都市へ移住してしまおうと考えるのか、将来を予測するのは難しい。そして、交通機関の発達により関係人口を増やせると考えることもできるし、都市との2拠点居住を考える人も増えるかもしれない。

そのような状況の中で、どのような街づくりを志向していくのかは、難しい議論になるだろう。人が集まるだけの強みがある場所は、人口増加を見越した街づくりが可能だろうし、人口減少を受け入れつつも関係人口の増大や観光開発を行うことも可能だ。そして、人口減少を受け入れて静かな衰退を選ぶという選択肢も否定されるべきものではない。こうした街の未来は、誰かによってトリアージされるべきものではなく、住んでいる人々が決めるべきものであることは間違いない。しかし、20年後には、人口減少でそうした議論すらできない地域があるかもしれない。

なぜ都市への人口集中が止まらないかについては別の機会に考えてみたいが、これを止める有効な手段は今のところ見つかっていない。残念ながら、おそらく予測以上に地域差は拡大していくだろう。

第4章

本当に住み続けたい街を探すには

「住みたい街」より「住みここちのいい街」を選べ

不動産業界の関係者のみならず、消費者からも注目が集まる「住みたい街ランキング」。その認知度は高い。最初に企画したメディアは1998年の雑誌「東京ウォーカー」のようで、2003年には長谷工アーベストがインターネット調査を始めた。現在、最も有名なSUUMOによる調査は2010年にスタートし、2012年から毎年発表されるようになった。筆者が調査設計や分析に関与している「いい部屋ネット　街の住みここち&住みたい街ランキング」は、2019年から発表を始め、現在5年目となっている。

住みたい街ランキングの順位は調査ごとにバラバラだ。なぜ結果が変動するのか、そもそも参考に値する調査なのか。こうした疑問を明らかにするためにかなり掘り下げた調査を試みた結果、住みたい街ランキングは人気・認知度ランキングに近いものであり、現実的な居住地選択のためなら、実際に居住している人の評価をまとめた「住みここちランキング」を参考にしたほうが良い、ということが分かった。

人口が増えているのは、住みたい街より住みここちのいい街

後ほど詳述するが、住みたい街ランキングは現実的な居住地選択のためのデータではなく、エンターテインメント性の強いランキングになっている。それは、実際に居住している人以外からの投票に基づいているからだ。

いい部屋ネットのランキングでも、街の住みここちに加えて住みたい街を調査している。このデータを分析してみると、住みたい街ランキングよりも住みここちランキングのほうが人口増加率との関係が強い。

2016年と2019年の各市区町村の人口増減率と住みここち評価の偏差値を散布図にしてみると、次ページの図のようにきれいな相関が見られるのに対して、首都圏の145自治体を対象とした住みたい街ランキングの得票率と人口増加率の散布図では、ごく一部の得票率の高い市区町村を除けば、得票率と人口増加率にはほとんど相関がない。

これは、実際にどこに住むか、という一人ひとりの行動を見てみると、知名度に関係なく住み

住みここち偏差値と人口増加率（2016年→2019年）

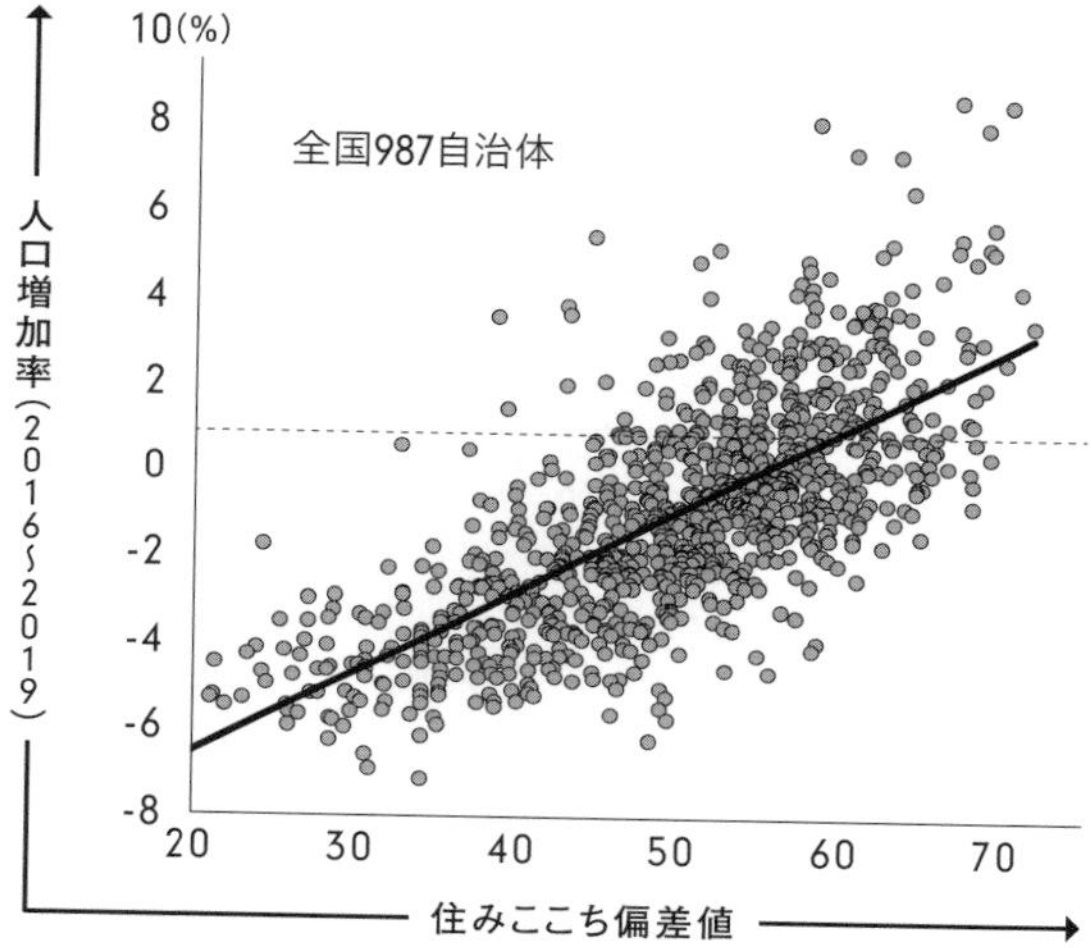

住みたい街得票率と人口増加率（2016年→2019年）

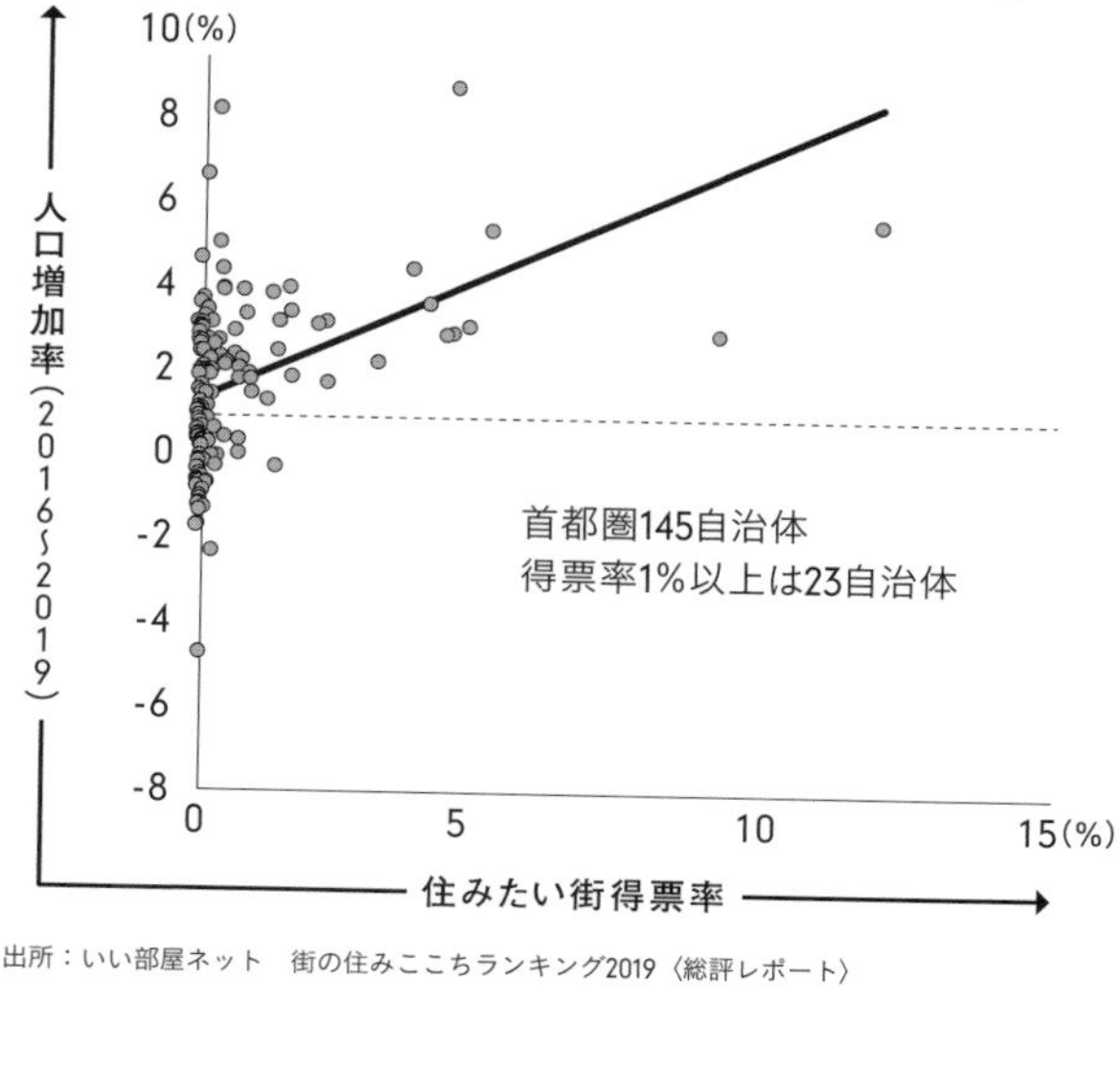

出所：いい部屋ネット　街の住みここちランキング2019〈総評レポート〉

各社が発表している住みたい街ランキング

調査会社	いい部屋ネット	SUUMO	長谷工アーベスト	LIFULL HOME'S 借りて	LIFULL HOME'S 買って
調査年	2022年	2022年	2021年	2022年	
1位	吉祥寺	横浜	横浜・吉祥寺	本厚木	勝どき
2位	横浜	吉祥寺	—	大宮	白金高輪
3位	みなとみらい	大宮	大宮	柏	横浜
4位	鎌倉	恵比寿	中野	八王子	浅草
5位	東京	浦和	池袋	西川口	本厚木

出所：各社ホームページ掲載データから筆者作成　いい部屋ネットの5位「東京」は東京駅周辺の近接駅を含む。長谷工アーベストは横浜と吉祥寺が同数で1位。LIFULLは「借りて住みたい」「買って住みたい」の2種がある

ここちの良い場所に人が集まっているということになる。結論としては、住む場所を選ぶのなら、住みたい街より住みここちを参考にすべし、ということなのだ。

住みたい街ランキングはなぜ人気投票になってしまうのか

上の表は、各社から発表されている首都圏の住みたい街ランキングのうち、上位5位までをまとめたものだ。

首都圏の住みたい街（駅）として最も有名なのは、JR中央線・京王井の頭線の吉祥寺（武蔵野市）だろう。実際、長谷工アーベストが発表している住みたい街ランキングでは、2003年から

2021年まで18回の調査（2008年は発表されていない）のうち1位が16回、2位が2回と圧倒的な強さを誇っている。

そして、最近では横浜の人気が高まっており、最新の調査でSUUMOでは1位、長谷工アーベストでは吉祥寺と同数で1位、いい部屋ネットでは2位、LIFULL HOME'Sの買って住みたい街で3位となっている。

しかし、この2駅を除けば、ランクインした顔ぶれはバラバラで、順位も一致しない。LIFULL HOME'Sのランキングはアンケート調査ではなく、ポータルサイト上での問い合わせ件数を集計した結果なので順位が異なるのは当然としても、同じような調査でなぜ順位が異なるのだろうか。そして、投票している人はそもそも、本当にその街に住むつもりなのだろうか。

調査方法によってランキングの順位は簡単に変わる

実は、筆者の研究では投票方式によって結果が簡単に変わることが分かっている。

筆者が関与している「いい部屋ネット　住みたい街ランキング」では、住みたい街への投票方式に、「フリーワード・サジェスト方式」と呼ぶ仕組みを採用している。例えば、住みたい駅と

投票方式による住みたい街ランキングの変化

順位	投票方法			
	フリーワード・サジェスト	都道府県沿線駅	沿線駅	候補駅選択
1位	吉祥寺	横浜	恵比寿	鎌倉
2位	横浜	吉祥寺	東京A	吉祥寺
3位	みなとみらい	東京A	吉祥寺	横浜
4位	鎌倉	恵比寿	横浜	みなとみらい
5位	東京A	大宮	**品川**	**池袋**
6位	中目黒	**品川**	大宮	**二子玉川**
7位	浦和	浦和	**目黒**	**自由が丘**
8位	大宮	**池袋**	新宿A	**船橋A**
9位	新宿A	**目黒**	**池袋**	大宮
10位	恵比寿	新宿A	**中野**	**北千住**

フリーワード・サジェスト方式の10位以内にない駅は背景をグレーにしている
出所：いい部屋ネット　住みたい街ランキング2022〈首都圏版〉

して「横浜」というワードが入力された場合に、横浜の周辺駅である「横浜、みなとみらい、桜木町、関内、元町・中華街」といった駅を候補として提示し、その中から最終的な投票駅を選択してもらう方法である。

投票の方式としては、フリーワード入力をベースとした方式以外に、「都道府県→沿線→駅」の順に絞り込んでいく方式（ここでは都道府県沿線駅方式と呼ぶ。以下同）、「沿線→駅」の順に選択していく方式（沿線駅方式）があり、さらに、ノミネートされた候補駅の中から一つを選択してもらう方式（候補駅選択方式）などがある。

投票方式による順位の違いを分析するため、2022年版の「いい部屋ネット　住みたい街ランキング」とは別に、回答者の割付などの条件をそろえて独自に調査を実施したが、その順位は、調査方式が異なると見事にバラバラとなり全く一致しなかった。

フリーワード・サジェスト方式では、1位：吉祥寺、2位：横浜であり、3位にみなとみらいがランクインしている。

都道府県沿線駅方式では、1位：横浜、2位：吉祥寺、3位：東京A（Aは近隣駅をまとめたエリアのこと。以下同）となっており、沿線駅方式では、1位：恵比寿、2位：東京A、3位：吉祥寺となり、順位が食い違う。

そして、候補駅選択方式では、1位：鎌倉、2位：吉祥寺、3位：横浜となっており、他の投票方式では10位以内にランクインしていない、二子玉川（6位）、自由が丘（7位）、船橋A（8位）、北千住（10位）といった駅がランクインしているのが特徴である。フリーワード・サジェスト方式で3位のみなとみらいも4位にランクインしている。

みなとみらいについては、フリーワード・サジェスト方式と候補駅選択方式では10位以内にランクインしているが、都道府県沿線駅方式では23位、沿線駅方式では42位となっている。

このように順位が投票方式によって異なる理由としては、次のようなことが考えられる。

・都道府県沿線駅方式、沿線駅方式では、投票しようと思った駅の沿線を知らないと投票できない。例えば、みなとみらいに投票しようと思っても、みなとみらい線にある、ということを知らないと投票できないことが、大きなバイアスになっている可能性がある。

・都道府県沿線駅方式では、都道府県を一度選択してしまうと、その都道府県内の沿線駅にしか投票できない。そのため、無意識に自分の住んでいる都道府県を選択してしまうというバイアスが働き、それが結果に影響している可能性がある。

・フリーワード・サジェスト方式で横浜が2位となって、みなとみらいが3位になっている理由としては、「横浜」と入力された場合に「横浜、みなとみらい、桜木町、関内、元町・中華街」といった候補駅を提示していることで、イメージとしての「横浜」が具体的な駅に分散したことが考えられる。

・候補駅選択方式は、他の3方式が純粋想起による投票であるのに対して、候補駅が表示されていることから、思いつかなかったけれども、ああこんな駅があったな、と認識されたことによるバイアスが大きいと考えられる。

・さらに、都道府県沿線駅方式、沿線駅方式では、住みたい駅が特に思いつかなくてもどこかの駅を選択する必要があり、選択しやすい山手線の駅に投票している可能性がある。実際、この

2方式では上位10位のうち東京A、恵比寿、品川、池袋、目黒、新宿の6駅が山手線から選ばれており、フリーワード・サジェスト方式、候補駅選択方式とは明らかに傾向が違う。

このような投票方式によるバイアスだけでなく、フリーワード・サジェスト方式では、住みたい駅に対して「特に無い」「思いつかない」といった回答が可能であり、それらの結果を集計すると投票数の45・9％になる。

実は、順位以前に住みたい街の圧倒的1位は「特に無い」なのだ。

住みたい街には「一生住まないと思う」人が多数派

2022年版「いい部屋ネット　住みたい街ランキング」と別に行った独自調査では、投票した駅に住みたい理由と、住んでいない理由を、リストからの複数回答方式で聞いている（次ページの表を参照）。

その結果を見ると、住みたい駅の上位にはそれぞれ次のような特徴がある。

住みたい街に住みたい理由・住んでいない理由

		1位	2位	3位	4位	7位	8位
		吉祥寺	横浜	みなとみらい	鎌倉	浦和	大宮
	回答者数	757	610	329	594	271	402
住みたい理由	交通利便性が高いから	35.1%	42.6%	26.1%	4.9%	50.2%	53.5%
	生活利便性が高いから	48.1%	37.5%	29.5%	6.4%	48.7%	51.5%
	イメージが良いから	35.8%	28.4%	48.3%	53.7%	35.1%	13.9%
	通勤や通学に便利だから	15.6%	25.7%	10.3%	3.9%	32.8%	35.6%
	繁華街やデパート等があるから	28.8%	31.1%	25.5%	2.5%	27.7%	26.6%
	よく遊びに行く街だから	21.4%	20.0%	24.6%	14.3%	11.4%	16.7%
	現住地から近いから・同じ都道府県だから	12.9%	19.2%	13.4%	9.1%	29.5%	31.3%
	住みたい街として有名だから	24.7%	10.3%	14.6%	11.6%	10.7%	9.0%
	住んでいると、格好良いと思われそうだから	8.6%	12.0%	15.8%	10.6%	7.4%	5.0%
	住んでいると、人に自慢できそうだから	9.8%	10.0%	17.3%	10.8%	4.4%	4.7%
	個人商店や特徴のあるお店があるから	27.7%	4.3%	4.0%	12.1%	5.2%	5.0%
住んでいない理由	家賃が高くて払えそうにないから	28.4%	30.5%	38.0%	20.2%	19.2%	18.4%
	不動産の価格が高くて買えそうにないから	27.6%	21.6%	26.7%	20.9%	23.6%	13.2%
可能性	現実的には一生住まないと思う	38.0%	56.8%	50.0%	43.7%	32.1%	35.9%
	住むかどうか分からない	36.1%	25.8%	30.8%	34.3%	33.8%	35.9%
居住地	東京都	71.7%	14.6%	21.0%	24.6%	6.3%	6.2%
	神奈川県	8.1%	66.7%	54.4%	38.6%	5.5%	3.2%
	千葉県	7.4%	8.4%	10.9%	19.2%	1.8%	3.2%
	埼玉県	12.8%	10.3%	13.7%	17.7%	86.3%	87.3%

出所：いい部屋ネット　住みたい街ランキング2022〈首都圏版〉

・吉祥寺は、利便性の高さ、イメージの良さ以外に、「個人商店や特徴のあるお店があるから」が27・7％、「住みたい街として有名だから」が24・7％ある。
・みなとみらいは、利便性の高さ以外に、「イメージが良いから」という回答が48・3％と非常に多く、「よく遊びに行く街だから」が24・6％、「住んでいると、人に自慢できそうだから」が17・3％ある。
・鎌倉は、非常に特徴的で「イメージが良いから」が53・7％と突出して高く、それ以外の理由があまり選択されていない。
・浦和と大宮は、大宮は交通利便性と生活利便性が高く評価されている一方で「イメージが良いから」への支持が低く、浦和はイメージの良さが支持を受けているという違いがある。ただし、浦和・大宮ともに、投票者の9割近くが埼玉県在住者であり、他都県からの投票が極端に少ない。

そして、住んでいない理由では、「家賃が高くて払えそうにないから」「不動産の価格が高くて買えそうにないから」という回答が多くなっており、可能性についても「現実的には一生住まないと思う」という回答が非常に多い。「住むかどうか分からない」という回答も多くなっている。

つまり、住みたい街ランキングは現実的な居住地選択のためのデータではなく、エンターテインメント性の強いランキングだということになる。ただし、浦和と大宮については、「家賃が高くて払えそうにないから」という回答が、大宮については「不動産の価格が高くて買えそうにないから」という回答がそれぞれ少なくなっており、現実の選択肢としてのポテンシャルの高さを示唆している。

住みたい街よりも、自分と似た人が住んでいる街が住みやすい

筆者が行った独自調査の結果では、「住みたい街ランキング」に対して「信頼できない」という回答が2割を超えていた。「住まい選びの参考にはならない」という回答も14・2％あり、「単なる人気投票である」という回答も37％あった。この結果が強く示唆しているのは、住む場所を選ぶという視点では住みたい街ランキングに大した意味はないということだ。

自治体の中には、住みたい街ランキングの順位を重要業績評価指標（ＫＰＩ）に取り入れているところもあるようだが、もしランキングを参考にするなら、人気・認知度ランキングに近い住みたい街ランキングよりも、実際に居住している人の評価をまとめた「街の住みここちランキン

グ」を優先すべきだろう。

そして、消費者の居住地選択においても、やはり居住者の評価のほうが参考になる可能性が高い。

それは、前述したように住みここちの評価と自治体の人口増加率にはかなり強い相関があるのに対して、住みたい街ランキングの得票率と人口増加率の間にはあまり相関がない、ということも理由の一つである。

それでも、住みたい街ランキングを調査する意味はある。例えば、長期のデータを時系列で見渡すと興味深いことが見えてくる。

次ページの表は、最も古くから住みたい街ランキングを発表しており、調査方法もほぼ変わっていないと思われる長谷工アーベストの首都圏の住みたい街ランキングをまとめたものだ。吉祥寺がずっと上位におり、自由が丘が20年かけて順位を落とし、その代わりに横浜が順位を上げていったということがはっきり分かる。

自治体にとって重要な政策課題になっている街のPR戦略や都市計画、社会学的にも街に対する評価の変遷を考える上では示唆に富んだ結果だといえる。

長谷工アーベストによる首都圏の住みたい街ランキングの推移

順位	1位	2位	3位	4位	5位
2003	**自由が丘**	吉祥寺	鎌倉	三鷹	成城学園前
2004	吉祥寺	**自由が丘**	鎌倉	**横浜**	二子玉川
2005	吉祥寺	**自由が丘**	鎌倉	**横浜**	二子玉川
2006	吉祥寺	**自由が丘**	**横浜**	鎌倉	恵比寿
2007	吉祥寺	**自由が丘**	恵比寿	**横浜**	鎌倉
2008	—	—	—	—	—
2009	吉祥寺	**自由が丘**	**横浜**	鎌倉	恵比寿
2010	吉祥寺	**横浜**	**自由が丘**	鎌倉	恵比寿
2011	吉祥寺	**自由が丘**	鎌倉	**横浜**	田園調布
2012	吉祥寺	**自由が丘**	**横浜**	鎌倉	たまプラーザ
2013	吉祥寺	**自由が丘**	**横浜**	武蔵小杉	鎌倉
2014	吉祥寺	**横浜**	**自由が丘**	新宿	武蔵小杉
2015	吉祥寺	**横浜**	武蔵小杉	**自由が丘**	新宿
2016	吉祥寺	**横浜**	武蔵小杉	**自由が丘**	品川
2017	吉祥寺	武蔵小杉	**横浜**	**自由が丘**	恵比寿
2018	吉祥寺	**横浜**	恵比寿	池袋	品川
2019	吉祥寺	**横浜**	大宮	新宿	池袋
2020	**横浜**	吉祥寺	大宮・浦和		立川
2021	吉祥寺・**横浜**		大宮	中野	池袋

出所：長谷工アーベスト　2021年の吉祥寺・横浜は同数1位、2020年の大宮・浦和は同数3位、2019年以前も同数順位がある。詳細は長谷工アーベストのプレスリリース参照

住む場所への評価は極めて感情的・感覚的なものだ。居住地を選ぶ際には、実際に訪れてみて自分になじむかどうかを確認することをお勧めする。

そして、様々な場所を訪れたときに重要なのは、自分と同じような人がいるかどうか、という点になる。人は、自分と同じような人と一緒にいるほうが安心で快適だからである。

徒歩圏生活とクルマ生活、あなたはどちらの暮らしを望むのか

本書では「持ち家は都会に買いなさい」と勧めているが、仕事や家庭の事情もあり、すべての人が東京や大阪のような大都市に住むわけではないだろう。地方では、人口100万人以上の政令指定都市のような（都会といえる）場所であっても、住みやすい家に必要な条件は大都市とは異なる。簡単に言えば、駅近の物件に住んで徒歩・電車圏内で生活するのか、クルマでの移動を

主にして暮らすのか、という違いだ。

「駅から徒歩数分の〝駅近物件〟は資産価値が高い」「首都圏でも、〝駅近〟でなければ将来、価格が大暴落しかねない」――一部のメディアではそんなあおり文句が横行している。

街に関するランキング、例えば「住みここちランキング」や「住み続けたい街ランキング」で、郊外や地方の街が上位にランクインすると、必ず「クルマがあればね」とか「クルマがないとどうしようもない」といって、その評価を否定するコメントが寄せられる。

しかし、〝駅近物件〟がもてはやされているのは、限られた大都市部にすぎない。

地方では政令指定都市のような都会であっても、1人1台マイカーを持っていることが珍しくなく、駅からの近さよりも、駐車場の有無が物件選びで重要になる場合が多い。最近では、新型コロナウイルス感染への不安感から、公共交通機関の利用を避ける動きもあった。ただ、中長期的には、大都市圏の駅徒歩文化は変わらない一方で、地方のクルマ社会は自動運転車によって変化する可能性があるだろう。

不動産は駅に近いほど資産価値が高く、販売価格も家賃も高くなるというのが一般的な共通認識かもしれないが、筆者の研究では、都市部と地方・郊外部では家賃の決まり方が異なることが分かっている。筆者の論文「地域の空き家率が家賃に与える影響」（2017年）では、駅からの徒歩分数が1分増えたときの家賃の騰落率は、東京23区がマイナス0・66％。大阪市マイナス0・42％、名古屋市マイナス0・46％であるのに対して、福岡市ではマイナス0・28％、札幌市でマイナス0・19％と下落幅が緩やかになり、仙台市では0・08％とほとんど下落傾向が見られなかったことを明らかにしている。

中古マンション価格も、地域によって下落傾向にばらつきがある。筆者の論文「地域の共同住宅空室率が中古マンション価格に与える影響」（2018年）では、駅からの徒歩分数が1分増えたときの価格騰落率は東京23区でマイナス1・13％、大阪市もマイナス1・13％、名古屋市マイナス0・80％、札幌市マイナス0・22％、仙台市マイナス0・98％、福岡市マイナス0・47％だった。

駅からの距離が家賃や中古マンション価格へ及ぼす影響は都市によって異なり、政令指定都市でも地方になるほど下落率は小さくなる。さらに政令市以外の地方都市になると、家賃に対して駅からの徒歩時間や距離がほとんど影響を及ぼさなくなる。駅近物件ほど価値があるというのは、日本全国に視点を広げてみると、とても〝常識〟とはいえない。

大都市圏に暮らしていると、通勤や通学だけでなく、どこかに遊びに行くにも駅まで歩き、そこから電車に乗って出かけるということがあまりにも当たり前になっている。しかし、街の住みここちランキングの回答者、約52万人分のデータを分析してみると、例えば通勤手段は都道府県や都市によって大きく違う。

有職者の通勤手段で、クルマ通勤比率（バイクを含む）の47都道府県の平均は53・6％（標準偏差：16・4％）で、最もクルマ通勤比率が高いのは、山形県の72・1％、最も低いのは東京都の5・6％である。一方、鉄道・バス通勤比率は、47都道府県の平均は12・7％（標準偏差11・6％）。最も鉄道・バス通勤比率が高いのは東京都の47・6％で、最も低いのは山形県の1・7％となっている。

地方では駅からの近さよりも駐車場の有無が家賃に影響する

通勤手段の比率を政令市および東京23区で集計してみると次ページの表のようになる。

東京23区・横浜市・川崎市の鉄道・バス通勤比率は50％を超えるが、最も低い浜松市は9・0％にすぎない。クルマ通勤比率は、浜松市の61・3％を筆頭に50％を超えるのは新潟市・岡山市・熊本市と4市あり、10％未満なのは、東京23区の3・8％を筆頭に、横浜市・川崎市・大阪市となっている。通勤手段が徒歩または自転車という区分もあり、大阪市の46・2％が最も高く、京

有職者の政令指定都市・東京23区における交通手段

交通手段	鉄道・バス	徒歩・自転車	クルマ・バイク
札幌市	29.7%	32.7%	26.7%
仙台市	24.6%	32.5%	33.5%
さいたま市	42.2%	36.2%	14.5%
千葉市	41.9%	28.2%	22.0%
東京23区	**51.5%**	35.7%	**3.8%**
横浜市	**53.5%**	29.2%	**9.9%**
川崎市	**54.2%**	31.3%	**7.3%**
相模原市	39.6%	32.8%	20.1%
新潟市	**11.3%**	**23.1%**	**56.7%**
静岡市	**15.1%**	32.0%	44.2%
浜松市	**9.0%**	**21.1%**	**61.3%**
名古屋市	32.0%	34.7%	25.0%
京都市	30.7%	**39.1%**	19.8%
大阪市	38.8%	**46.2%**	**7.0%**
堺市	31.9%	35.8%	23.9%
神戸市	42.2%	29.8%	20.4%
岡山市	**9.3%**	29.4%	**51.6%**
広島市	23.9%	36.1%	31.8%
北九州市	19.3%	**25.7%**	**47.4%**
福岡市	31.0%	**38.2%**	21.9%
熊本市	**12.3%**	**25.7%**	**52.5%**
平均	30.7%	32.2%	28.6%

出所：いい部屋ネット　街の住みここちランキング2022　個票データを筆者集計

都市の39・1%、福岡市の38・2%といった場所もある。

全体として見れば、首都圏は電車・バス通勤比率が高く、京都市・大阪市・福岡市の徒歩・自転車通勤比率が高いという特徴が際立っており、その他の政令市ではクルマ通勤が主流であることが分かる。こうして見れば、クルマをほとんど使わない駅徒歩文化は、首都圏中心部と大阪市周辺だけである。大都市の駅徒歩文化は、日本全国で見れば当たり前とは言えない。

地方では、公共交通機関を使うのは高校生までで、高齢者も含めて移動手段は1人1台のクルマというのが当たり前の場所も多い。電車に1年以上乗っていないという人も珍しくない。そのため、都市部の賃貸住宅では駐車場の有無はあまり影響がないが、郊外や地方では駐車場の有無が家賃に影響を及ぼすようになる。

こうした地域では、田んぼの真ん中に建つ真新しいアパートは、日当たりも風通しも良く、駐車場も広くクルマを入れやすく、人気の物件になることもある。一方、駅から近いだけでは家賃を維持できず入居率も高まらないため、駅周辺に空き地が増えていく、という状況を生み出している。

人口が減少している地方ではＬＲＴ（次世代型路面電車）等の大規模な投資を伴う新交通システムを導入できる地域は限られる。しかし、自動運転車等の新しい交通システムを取り入れることで、駅徒歩文化とクルマ社会を両立させ、中長期的には住宅や公共施設の配置等も含めて、最適な社会システムへの変化を目指すという地域が出てくるかもしれない。

イオンのある街は「住みやすい」

不動産の〝駅近物件〟が人気なのは限られた大都市部にすぎず、地方では政令市であっても駐車場の有無のほうが重要なファクターであることを紹介した。地方では暮らしに占めるクルマの存在感が大きいからだ。

そうした地域の生活利便性を高めているのが、イオンに代表される大型ショッピングセンターで、その有無は、居住満足度に明らかに影響を及ぼしている。一方、都市中心部の利便性は公共交通網の発達で向上し続けてきた。本当に住みここちのいい街を探すには、地方と都市部の生活様式の二極化についてしっかり考える必要がある。

地方や郊外では、日常の交通手段はクルマで、休日には郊外のショッピングセンターに行く、

ショッピングセンターの有無による生活利便性の違い

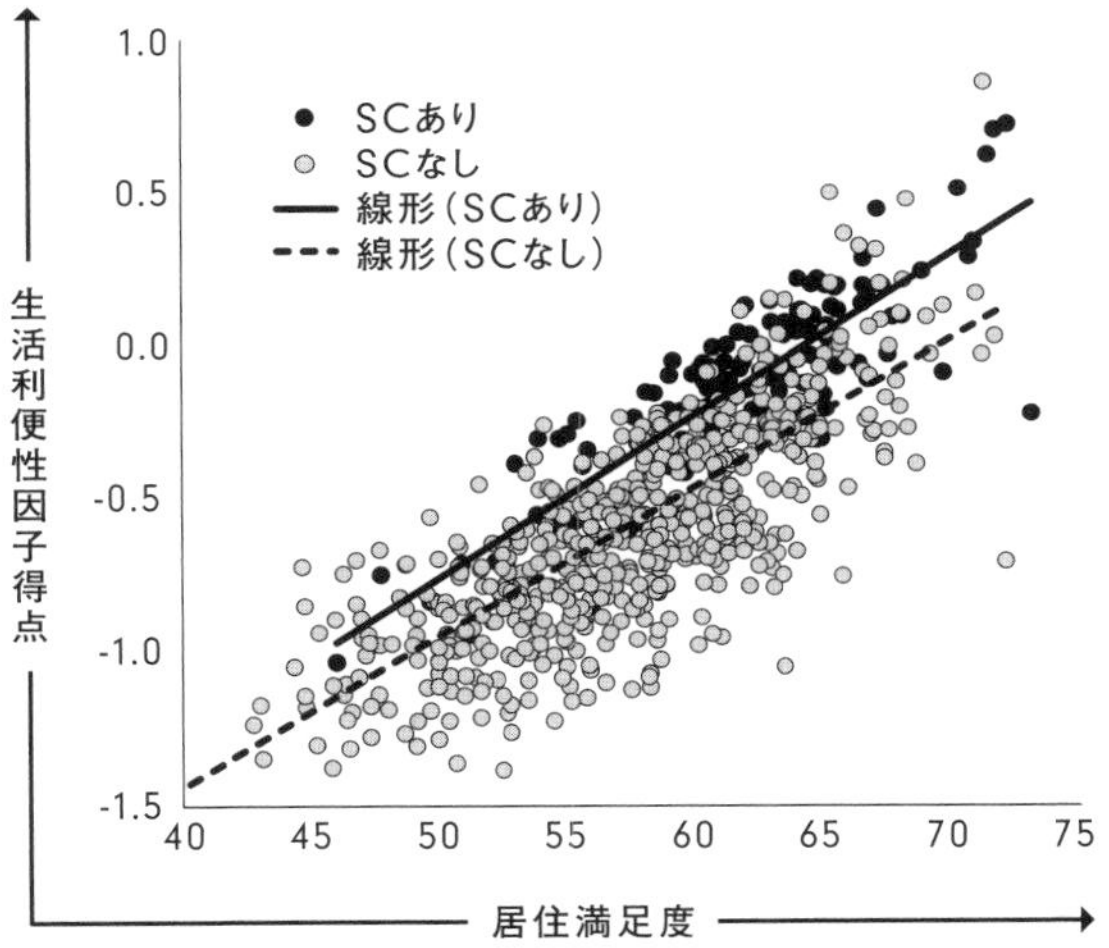

出所：宗健「テクノロジーを地域の暮らしに溶け込ませるために」（2022）

という生活様式が定着している。「いい部屋ネット　街の住みここちランキング」の個票データを使って、大型ショッピングセンターのある街とない街の違いを分析した散布図が上の図である。

散布図の横軸は居住満足度で、縦軸は生活利便性因子の得点になっている。ここでは全国のすべてのイオンモールが含まれる延べ床面積２万４０００平方メートル以上の大型ショッピングセンターを対象とし、対象となる自治体は回答者が50人以上で、首都圏・関西圏・名古屋都市圏と札幌・仙台・広島・福岡の各都市圏および県庁所在地を除いた地方の自治体となっている。

散布図を見れば、横軸の居住満足度が同

じ場合、大型ショッピングセンターがある街のほうが、ない街よりも明らかに縦軸の生活利便性の因子得点が高くなっている。大型ショッピングセンターには、全国に展開しているイオンモールのほかにも、中・四国、九州のゆめタウン、中・四国のフジグラン、関東のアリオ、東海のアピタのほか、三井アウトレットパーク、ららぽーとなど様々なものがあり、地域の生活利便性を向上させ、住んでいる人々から支持されているということになる。

にもかかわらず、イオンモールのような大型ショッピングセンターは、一部の街づくり「専門家」には評判が良くないようだ。そうした批判は一部の専門家だけではなく一般人の間にも根強いようで、例えばTwitter（現X）で「イオン　商店街　衰退」と検索してみると「イオンはけしからん」という趣旨の書き込みが容易に見つかる。

この意識のギャップはどこからきているのだろうか。

実際のデータを調べてみると、戦後の日本は貧しく、モータリゼーションによって自動車が広く普及したのは1964年の東京オリンピックの後だということが分かる。クルマの普及率が高まる前の1970年ごろまでは、地方の小さな街でも駅前に商店街があり、バス路線も充実していて周辺から買い物客が集まっていた。

1966年には全国で228万台しかなかった乗用車が、わずか6年後の1972年に1091

万台となり、さらに7年後の1979年には2140万台と急激に普及したことで、駐車場のない地方の駅前商店街は一気に衰退していった。

自動車の普及と地下鉄の整備は同時並行で進んだ

一方で、東京や大阪のような戦前からの大都市では、もともとあった国鉄（現ＪＲ）や私鉄に加えて地下鉄が建設され、駅前の活況が維持されてきた。意外なことに、1960年時点の東京に存在した地下鉄は、銀座線（浅草～渋谷）、丸ノ内線（池袋～新宿）だけであり、1960年代に日比谷線、都営浅草線、東西線、千代田線、都営三田線が整備され、1970年代に有楽町線、半蔵門線、都営新宿線、1990年代に南北線と都営大江戸線が開業している。そして、現在でも首都圏では新線の工事が続けられている。

また、地方都市中心部での地下鉄開業も、名古屋市営地下鉄東山線が1957年に開業しているのを除けば、札幌市営地下鉄が1971年、横浜市営地下鉄が1972年、神戸市営地下鉄が1977年、京都市営地下鉄と福岡市営地下鉄が1981年、仙台市営地下鉄が1987年などとなっている。自動車の普及と同時並行で、地方都市の地下鉄整備が進められたわけだ。

地方や都市の郊外部での急激な自動車の普及と、都市中心部での地下鉄整備、という全く異なる二つのベクトルの政策が同時に実行されたことで、都市中心部に歩いて暮らす生活様式が残った一方で、地方や都市の郊外部ではクルマ中心の生活様式に大きく変化していった。

商店街に衰退をもたらした元凶とされることもある大型ショッピングセンターだが、地方では半径10キロ以上の商圏を持つ大型ショッピングセンターが、昔の商店街のような機能を果たしている。

しかし、クルマに乗って大型ショッピングセンターに行く生活様式は、ここ20〜30年で形成されたものだ。一般社団法人日本ショッピングセンター協会が公表しているショッピングセンターの一覧を集計してみると、店舗面積1万平方メートル以上のショッピングセンターのうち1990年以降に開業した施設が施設数で79・5%、面積ベースでは83%を占める。そして2000年以降に開業したものに限ると施設数で51・1%、面積ベースで59・1%を占めている。

つまり、クルマの普及とショッピングセンター開設の狭間だったのが1980年代であり、バブル経済といわれ地方から東京圏に人口が大量に移動した時期でもある。

電車で移動し、飲みに行くのは東京の特殊な文化

クルマの利用率と飲酒回数の関係

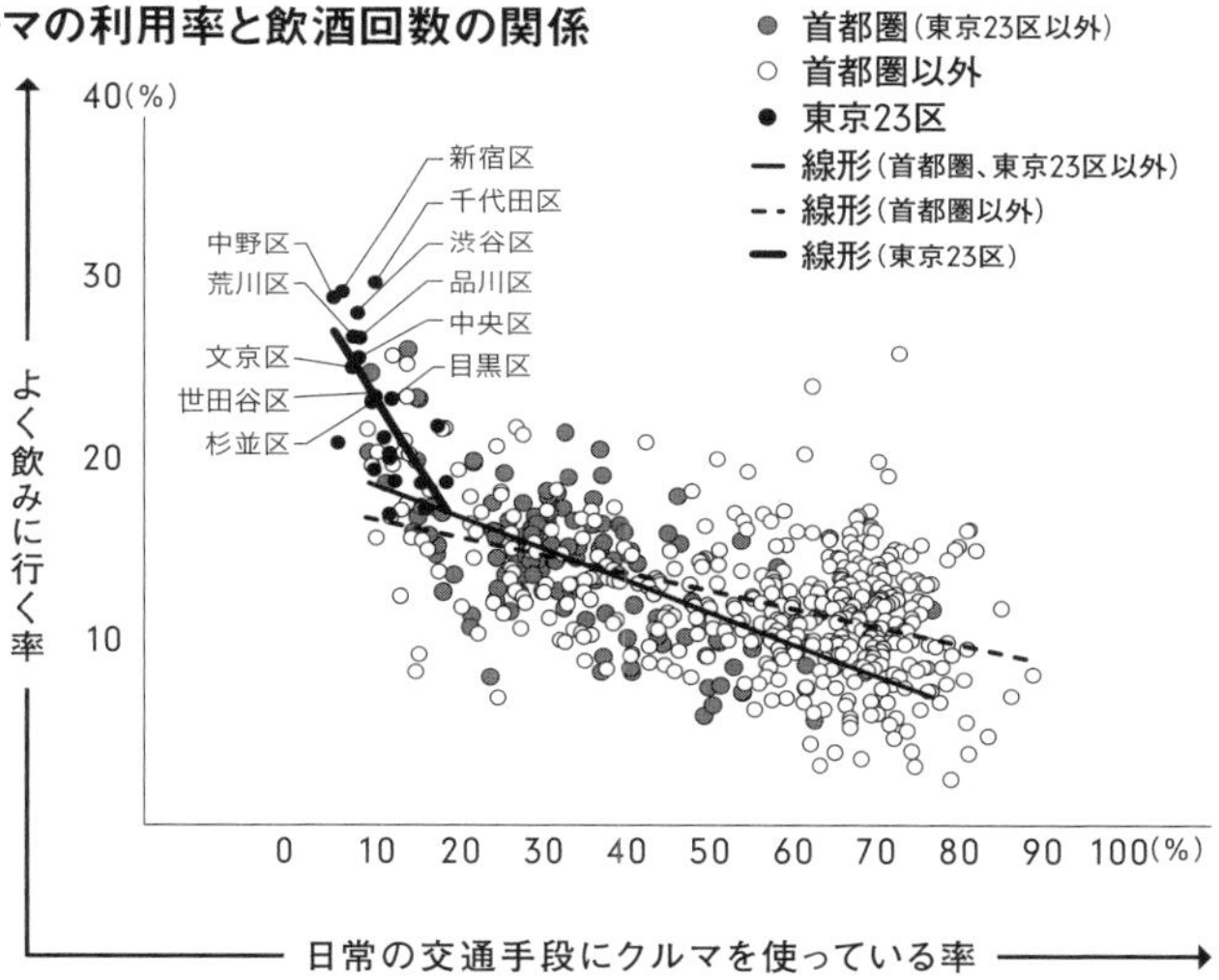

出所：宗健「テクノロジーを地域の暮らしに溶け込ませるために」（2022）

地方や郊外でこれだけクルマが生活に密着し、歩くのはイオンモールのようなショッピングセンターの中だけ、という生活が当たり前になると、1970年代までの駅前に商店街があって、歩いて暮らせるコンパクトシティーに戻るのは、極めて難しいだろう。

東京の中心部に長く住み、駅まで歩いて電車に乗って出かけ、夜になれば少しお酒を飲んで帰る、という生活を送っている人からみれば、コンパクトシティーの意義や暮らしやすさは自明なものかもしれない。しかし、電車を使わずクルマで移動し、あまり飲みに行かない暮らしが当たり前の地方の人たちにとっては自明のものではない。

それを検証するために街の住みここちランキングの個票データを集計してみると、前ページの図のように東京23区と東京23区以外では顕著な違いがあることが分かる。

東京23区に住んでいる人の「日常の交通手段にクルマを使っている率」は20％に届かないが、「よく飲みに行く率」は20％を上回る区が多い。一方で、「日常の交通手段にクルマを使っている率」が高まると、緩やかにではあるが、「よく飲みに行く率」は低下していく。そして、郊外や地方では「よく飲みに行く率」が20％を超えるような場所はほとんどない。そして、首都圏や関西圏以外では、ほとんどの地域が日常の交通手段がクルマだという比率が50％を超えている。

1970年代以降に進んだ地方のクルマ社会化は、「飲みに行く」という行動様式をも大きく変化させた。それが、地域のコミュニティーを弱体化させた側面もあるのかもしれない。そうしたクルマを使うライフスタイルが定着していて、1時間かけて30キロ先のイオンに行くことがこの30年間、当たり前になっている地域に対して、「コンパクトで歩ける街に変えよう」「シャッター商店街を再生しよう」というのは、東京の人の価値観の押しつけなのかもしれない。

第4章 本当に住み続けたい街を探すには

コラム

〝幸せ〟のおよそ2割は住まいでできている

幸福度・幸せというものは、個々人が心の内に感じ取るもので、物理的に計測できるものではない。それでも、一定の定量データに基づいた研究が行われている。

例えば自分自身が非常に不幸だと感じている場合を1、非常に幸福だと感じている場合を10として、幸せだと感じている度合いについての回答を得るアンケートデータを用いることが多い。幸せを感じる度合いは主観的幸福度と呼ばれ、これに個々人の年齢や性別、未既婚、子どもの有無、職業や年収といった属性を加えて、統計的に分析する。

幸福度の研究の代表的なものとして、大阪大学の大竹文雄教授らによる『日本の幸福度』（2010年）がある。筆者も、住まいと幸福度の間に関係があるのではないかと考え、2018年に「住まいが主観的幸福度に与える影響」という論文をまとめた。

何が幸せを決めるのか

この論文は、首都圏の1都3県在住の1万2608人から回答を得たアンケートデータを基にしている。回答者の平均年齢は45歳、平均世帯年収は654万円、平均世帯貯蓄額は971万円で、首都圏在住者としては平均的なものとなっている。

主観的幸福度の平均は10段階で6・57だった。属性別では65歳以上が7・29と高く、孫ありの場合7・18、既婚者が7・04と7を超えた。子どもありは6・97、女性が6・77でここまでが平均よりも高くなっている。また、世帯年収800万円超や世帯貯蓄額1000万円超も幸福度が7を超え、持ち家の場合も6・97と平均よりも高い。

これら属性別の平均値（こうした集計をクロス集計という）だけを見ると、年を取れば幸福度は上がるし、お金があるほうが幸せになるのは当たり前だろう、ということになるが、正しい解釈ではない。

統計理論では「変数を統制する」という言い方をする。年齢が上がれば幸福度が上がるのは、実は年齢以外の要因、例えば高齢になるほど貯蓄が多い人が増える、といった隠れた要因が影響している可能性があるため、「年齢以外の他の条件が同一」になるように統計的な処理を行う。

筆者の論文では、順序プロビット分析という手法を用いている。この論文の特徴は個人属性だけではなく、地域や建物といった住まいに関連する満足度や、仕事や家族関係など様々な要素についての主観的満足度を説明変数に用いて変数統制していることにある。様々な項目に関する満足度を含めて変数統制を行い、平均的な属性を当てはめると、次のような要素ごとの構成比が計算できる。

・自分の才能に対する満足度、自分自身への自信、将来への楽観度といった個人の性格によるもの：29・8%
・家族関係や食生活、余暇の満足度といった家族に関係するもの：25・0%
・住んでいる地域や建物への満足度：22・8%
・健康への満足度：14・5%
・労働時間や仕事上の人間関係、仕事そのものへの満足度：6・5%
・その他（性別・婚姻・子どもの有無・年齢・収入・資産など）1・5%

この結果を簡単に言えば「幸せのおよそ2割は住まいでできている」ということである。

主観的幸福度を構成する要素

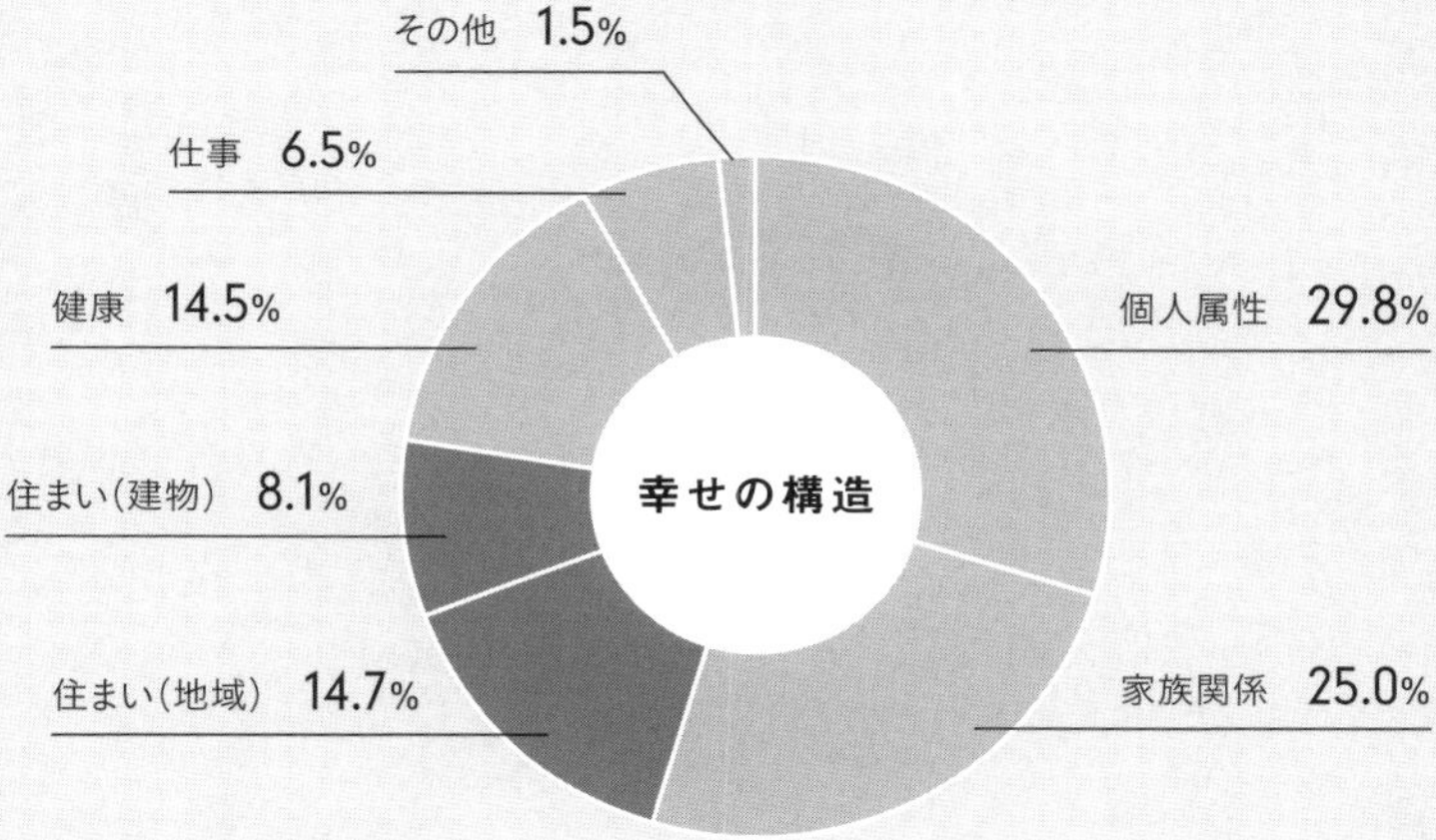

出所：宗健・新井優太「住まいが主観的幸福度に与える影響」（2018）

住む建物や地域によって幸せの総量は増やせる

性格や家族関係、健康や仕事といったことは極めて個人的なものであり、外部から操作することは極めて難しい。しかし、住まいに関しては社会で様々な取り組みが可能である、という点が注目されるべきだろう。

例えば、行政による街づくりや、住宅供給事業者が住宅の品質を上げていくことや、建築基準法や都市計画法といった法制度によって地域や建物に対する満足度を向上させていくことが、人々の幸せの総量を増やすことにつながる。

そして、建物よりも地域のほうがその影響

の度合いは大きい。すなわち、どこに住むかで幸福度が変わってくるということであり、どこに住むのかが重要な選択になる、ということを示唆している。

では、どういった地域に住むことが幸福度を高めるのだろうか。

第3章で、地域の密なコミュニティーは住みここちを悪化させることを書いた。実は筆者の2019年の論文「居住満足度の構成因子と地域差の実証分析」で、もう少し細かい分析をしている。

重要なのは「地元出身者でなくともなじみやすい」「気取らない親しみやすさ」があり、「近所付き合いなどが煩わしくない」が「地域のイベントやお祭りなどがある」、といった要素である。簡単に言えば、住宅供給が一定規模で行われていて、新たな住民が一定規模で流入してきて、それを旧来の住民が受け入れる、という状況が大切だということだ。

そうした場所は、いわゆるニュータウンと呼ばれるような場所や、再開発によってタワーマンションが大量に供給された場所が多い。そして住宅供給が盛んな場所は、もともと生活利便性や交通利便性の良い場所が多い。この分析結果は、街づくりでよくいわれるような、隣近所が日常から密な関係を持つようなコミュニティーのイメージとはずいぶん違っている。

建物が幸福度に与える影響をもう少し詳しく見てみると、戸建ての評価が最も高く、マンション、アパートと続き、築年数が25年を超えると評価が大きく下がる。その割に、住民の年齢が65歳を超えると建物への評価は高くなる。スペックでいうと、広さ・部屋数、設備は満足度に大きく影響するが、耐久性や遮音性、耐震性といったハードとしての性能はあまり影響しない。一方で、外観のデザインや壁紙や床などの内装はハードよりもはるかに満足度に与える影響が大きい。

簡単に言えば、広くて設備が最新で、見た目の良い建物の評価が高く、建物のハードとしての性能は満足度にはあまり関係ない、ということになる。これは、1981年の建築基準法改正による新耐震基準から40年以上が経過し、1995年の阪神・淡路大震災をきっかけに2000年にも耐震基準が改定された結果、現在では耐震性だけではなく、サッシの性能向上等も併せて、建物は既に十分な品質だと人々が感じている、ということでもある。住宅業界の努力によって日本の住宅はそれだけ進歩しているのだ。

大変興味深いのは、建物への満足度に対して、地域への満足度がかなり大きな影響を与えている、という結果だ。逆に地域への満足度に対しても、建物への満足度が影響を与えている。地域への満足度と建物への満足度は相互に影響しあっていることになる。

これは、全く同じ建物であっても、より気に入った地域にあれば建物への満足度が上がり、同じ地域にあっても、より気に入った建物であればその地域への満足度が上がるということである。

幸せの構造は昭和の頃から案外変わっていない

1万人を超えるアンケートデータを分析したところ、もう一つ興味深いことが見えてきた。昨今は、個人の自由が叫ばれ、結婚するかどうか、子どもを持つかどうかは個人の自由とされている。また、仕事も自己実現の手段であり、やりがいと成長を求めることがよしとされ、ワークライフバランスの観点から長時間労働は絶対悪とされている。

ところが筆者の研究では、単なる平均値ではなく様々な条件を統制すると、以下のような結果が得られた。

- 年齢が上がると幸福度は低下する。
- 世帯年収も世帯貯蓄額も、幸福度にはほとんど影響しない。
- 男性よりも女性のほうが、未婚者よりも既婚者のほうが、子どもがいないよりもいたほうが、それぞれ幸福度が高い。
- 週当たり60時間以上と労働時間が長くても幸福度は下がらず、家を買ったからといっても幸福度は上がらず、孫がいても幸福度は上がらない。

・家族関係や食生活、健康に対する満足度が高いと幸福度も高まる。自分に自信がある、あるいは将来に楽観的だと幸福度が高まる。
・社会に対して悲観的だったり、自分の見た目に自信がなかったりすると幸福度が低下する。
・収入や資産、社会的地位は幸福度とは関係がなく、仕事の満足度はわずかに幸福度を上げる。
・こうした要素の中で地域満足度と建物満足度、すなわち住まいに対する満足度の影響は意外に大きい。

つまり、他の条件が同じなら、結婚したほうが、子どもがいたほうが幸せであり、労働時間や仕事の満足度は幸せとはほとんど関係がないということになる。仕事が自己実現の手段であることは否定できないが、結果としての収入や資産、社会的地位はそれが直接幸せにつながるわけではなく、得られたお金を使って家族が楽しく暮らすこと、その結果として家族関係が良好であり、食生活への満足度が高く、健康に暮らすことが幸せにつながっているということになる。

逆に言えば、収入が高いだけでは幸せにつながらず、収入を適切に使うことで幸福度が高まることを示している。その意味では、収入が高いことが間接的に幸福度を高めているともいえる。

先行研究で、年収が800万円までは幸福度が高まるといわれているのは、こうしたことを説明しているのだろう。

そして、労働時間への満足度は、少ないながら幸福度とは正の関係にあるが、労働時間への満足度とは時間が短いことを指しているわけではなく、長時間労働が直接、幸福度を下げるという結果は得られていない。家族のために長時間一生懸命働くということは幸福度の観点からは否定されていないのである。

確かに、長時間労働や過重労働によって痛ましい事件が起きていることは事実だ。しかし、自分が望まない強制された長時間労働と、目的があり、自ら楽しいと思えるような知的作業（これを労働というかどうかに議論があるだろうし、いわゆる「やりがい搾取」の問題もある）を区別することも必要だろう。

本研究の結果でも、未婚者と子どもなしの場合は、週60時間以上の労働時間は幸福度を下げるが、既婚者と子どもありを含む他のケースでは週60時間以上の労働は幸福度と有意な関係はない。

これを「昭和の時代錯誤な認識」だと一蹴することは簡単だが、そういっているのは私という個人ではなく、データなのである。

幸せの構造は、案外、昭和の時代から変わっていない可能性があるのだ。

第5章

実際に住んでいる人が選んだ「住みここちのいい街」

実際に住んでいる人が選んだ「住みここちのいい街」とは

「いい部屋ネット　街の住みここちランキング」では、大きく分けて次の四つのランキングを発表している。

- 実際に住んでいる人に街の満足度を調査した「街の住みここちランキング」
- 実際に住んでいる人に街に対する愛着度合いを調査した「住み続けたい街ランキング」
- 実際に住んでいる人に現在の幸福度を調査した「街の幸福度ランキング」
- 住んでみたい街を選んでもらう「住みたい街ランキング」

最後の「住みたい街ランキング」は様々な調査機関・企業から発表されているが、第4章で説明した通り、繁華街があるような、よく遊びに行く街などが上位に来ることが多い。人気投票の要素が強く、実際に移り住む行動には結びつきにくい。それに対して、他の三つのランキングはそこに実際に住んでいる人に回答してもらうため、街の実態が反映されやすい。

「街の住みここちランキング」は生活利便性など街の機能的評価、「住み続けたい街ランキング」は街への愛着といった感情的評価の性格を持つ。「街の幸福度ランキング」は住んでいる人の主観的幸福度を聞いているが、街への機能的評価も感情的評価も主観的幸福度に影響があることから、より上位概念について調査した結果だと言えるだろう。

この章では、この三つのランキングの2022年の結果を基に、実際に住んでいる人が「住みここちがいい」と考えている注目の自治体を地域別に紹介していく。読者の方々が居住地を選ぶ上で、必ず参考になるはずだ。

首都圏：都心とニュータウンの評価が高い

コロナ禍以前、首都圏人口の流入超過の5割弱は、4月の進学・就職シーズンを前に上京する人が多い3月に流入してきており、4月と合わせると全体の7割弱に上っていた。

それに合わせてか、毎年2〜3月に複数の住みたい街ランキングが発表されている。最近では埼玉方面の人気が高まっているという解説もあるようだが、「いい部屋ネット　街の住みここちランキング」では、そのような傾向は特に見られない。理由については後ほど触れるとして、まずはランキングを見ていこう。

住みここちが良いのは、都心と郊外ニュータウン

市区町村別の住みここちの偏差値をマップにしてみると、次ページのように東京都の都心部の評価が高く、同時に郊外にも評価の高い場所があることが分かる。

首都圏(1都3県)全体			
	住みここち	住み続けたい	幸福度
1位	東京都中央区	神奈川県葉山町	埼玉県鳩山町
2位	東京都文京区	神奈川県鎌倉市	神奈川県葉山町
3位	東京都目黒区	神奈川県西区	東京都中央区
4位	東京都武蔵野市	神奈川県逗子市	横浜市都筑区
5位	東京都港区	千葉県印西市	東京都港区

出所：いい部屋ネット　街の住みここちランキング2022

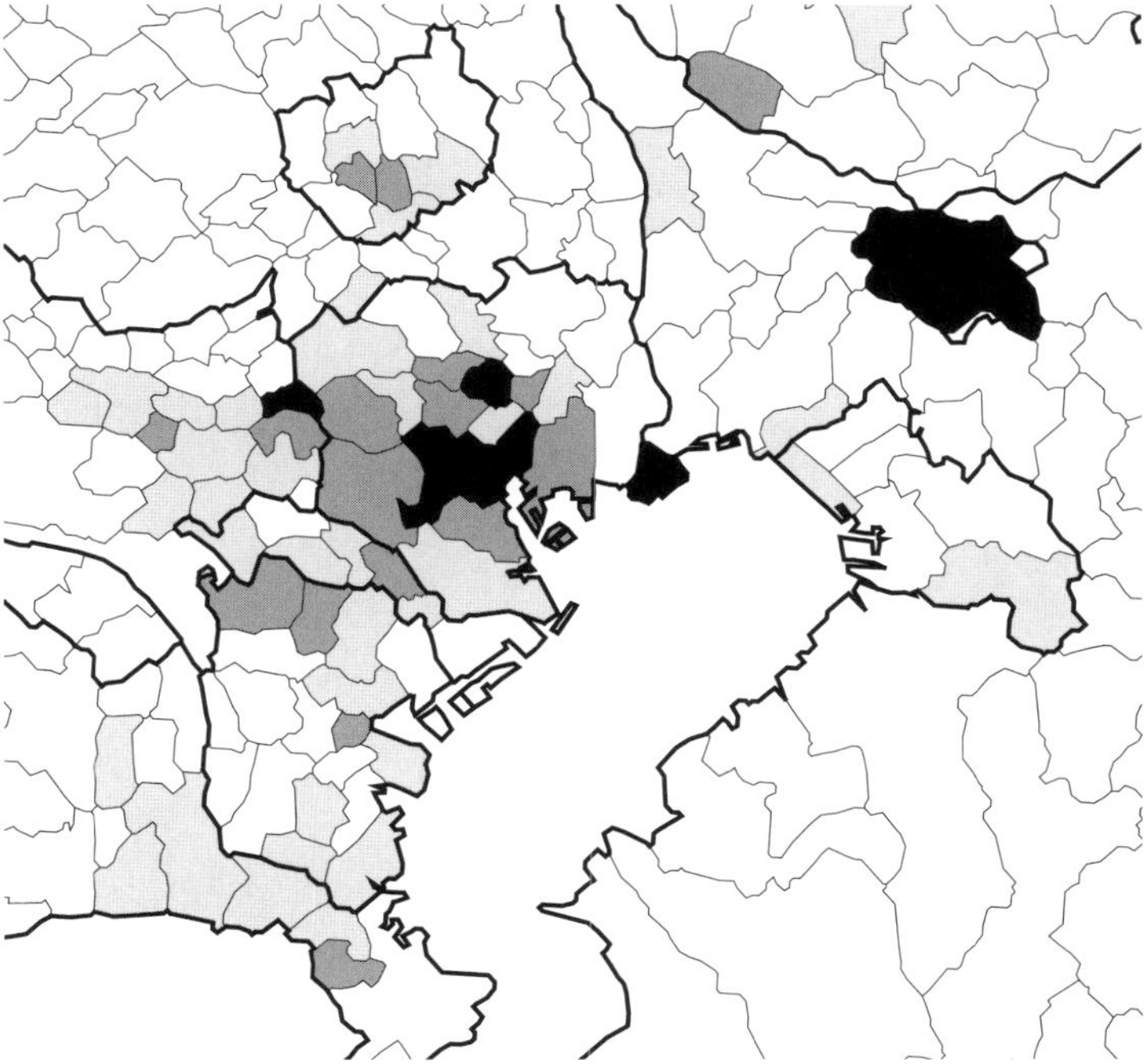

注：偏差値70以上が黒、65以上70未満が濃いグレー、60以上65未満がグレー
出所：いい部屋ネット　街の住みここちランキング2022　個票データから筆者作成

東京都			
	住みここち	住み続けたい	幸福度
1位	中央区	目黒区	中央区
2位	文京区	武蔵野市	港区
3位	目黒区	文京区	武蔵野市
4位	武蔵野市	港区	文京区
5位	港区	中央区	目黒区

出所：いい部屋ネット　街の住みここちランキング2022

後述するように、関西にも似たような構造があるが、その広域性が違う。関西では評価の高い市街地が比較的狭い範囲にあるのに対して、首都圏では東京都の中心部から、西南方向の30キロメートル圏の広い範囲で評価の高い地域が連続している。

東京都：都心と湾岸タワマンと古くからの住宅地の評価が高い

ここからは、各都県別にランキングを見ていこう。

東京都は都心部の評価が高い。利便性の高さはもちろん、都心部には多くのタワーマンションが供給されていることや、明治維新の後、大名屋敷跡に形成された古くからの住宅地も散在していることがその背景にある。

また都心は新宿、渋谷、池袋、六本木、原宿といった繁華街のイメージが強いかもしれないが、意外と緑豊かな地域でもある。皇居、日比谷公園、浜離宮恩賜庭園、芝公園、上野恩賜公園、東京大学、明治神宮外苑、新宿御苑、代々木公園、国立科学博物館附属自然教育園など多くの広大な緑地がある。

さらに湾岸エリアでは、江東区の豊洲、東雲《しののめ》、有明、中央区の佃、月島、勝どき、晴海に数十棟のタワマンが林立し、港区の芝浦、港南から品川区の天王洲、東品川にも多くのタワマンがある。

そして、いわゆる城南と呼ばれる、品川区、目黒区、世田谷区、大田区には戦前に開発された田園調布、洗足、成城、桜新町といった世代を超えた閑静な住宅地がある。中央線沿線にも吉祥寺、三鷹、国立といった古くからの住宅地があり、近年は再開発が進んでいる立川も注目されている。

神奈川県：ニュータウン、タワーマンションと歴史ある街の評価が高い

神奈川県では、港北ニュータウンがある横浜市青葉区・都筑区、タワマンが集中するみなとみらいがある横浜市西区、同じく近年タワマンが林立した武蔵小杉がある川崎市中原区、歴史のある葉山町・鎌倉市（6位）といった街の評価が高くなっている。

神奈川県			
	住みここち	住み続けたい	幸福度
1位	横浜市都筑区	葉山町	葉山町
2位	葉山町	鎌倉市	横浜市都筑区
3位	横浜市西区	横浜市西区	逗子市
4位	横浜市青葉区	逗子市	横浜市青葉区
5位	川崎市中原区	茅ヶ崎市	鎌倉市

出所：いい部屋ネット　街の住みここちランキング2022

神奈川県には、東京都のような大名屋敷跡地ではなく、西洋諸国の外交官が使用していた山手の古い住宅地があるが、その規模は比較的小さい。一方で、高度成長期以降に開発された港北ニュータウンが高い評価を得ている。

都心部と違って1戸当たりの敷地面積が広く、道路や街路も整備されており大型ショッピングセンターもある。しかも、鉄道による都心へのアクセスも確保されていて、クルマと鉄道の両方を使った快適な郊外生活が可能となっている。同じような属性の住民が適度な距離感のある人間関係を保っていることへの評価も高い。

ニュータウンではマンションよりも戸建て住宅が多いが、多くのタワーマンションが供給されたみなとみらいや武蔵小杉などの評価も高い。ニュータウンとの違いは鉄道利用の比重と、住居形態としてマンションを好むかどうかの違いだろう。

そして、古くからの歴史があり良好な住宅地が維持されている鎌倉市、御用邸があり富裕層も多く居住している葉山町の評価も高い

千葉県			
	住みここち	住み続けたい	幸福度
1位	浦安市	印西市	印西市
2位	印西市	千葉市美浜区	千葉市緑区
3位	千葉市美浜区	浦安市	浦安市
4位	流山市	千葉市緑区	流山市
5位	千葉市緑区	館山市	習志野市

出所：いい部屋ネット　街の住みここちランキング2022

が、鎌倉は京都と並び全国でも特殊な地域といえるだろう。

千葉県：ニュータウンが上位を独占

千葉県では、海沿いのエリアがまるで米国ロサンゼルス郊外のサンタモニカのようだといわれている浦安市、千葉ニュータウンがある印西市、幕張新都心としてきれいに整備された千葉市美浜区、2005年のつくばエクスプレス開業以降、人口が大きく増えた流山市などの評価が高くなっている。

ここまではなんとなくイメージできると思うが、5位の千葉市緑区も、実はニュータウンの多いエリアである。区内にある学園前駅、おゆみ野駅、鎌取駅、誉田駅、土気駅の周辺はすべて新たに開発された住宅地だ。都心へのアクセスも東京駅まで1時間程度と、神奈川県の茅ヶ崎、平塚からの所要時間と大差ないにもかかわらず住宅価格はかなり手ごろであることも評価を高めている要因だろう。

埼玉県			
	住みここち	住み続けたい	幸福度
1位	さいたま市浦和区	さいたま市浦和区	鳩山町
2位	さいたま市中央区	滑川町	さいたま市浦和区
3位	さいたま市大宮区	鳩山町	さいたま市南区
4位	さいたま市港区	秩父市	さいたま市中央区
5位	和光市	さいたま市緑区	さいたま市緑区

出所：いい部屋ネット　街の住みここちランキング2022

埼玉県：大規模ニュータウンが開発されなかった

郊外では概して1970年代以降に開発されたニュータウンのある街の評価が高くなっているのに対し、埼玉県の住みここちランキングで1位になったさいたま市浦和区は、東京都目黒区、世田谷区と同じような戦前に開発された住宅地だ。こうした歴史のある住宅地の評価が高いのは、関西圏でも同様の傾向が見られる。

1970年代以降に開発された千葉ニュータウン（千葉県）、港北ニュータウン（神奈川県）、多摩ニュータウン（東京都）のような大規模なニュータウンが埼玉県にないのは、神奈川県、千葉県には大規模開発が可能な丘陵地が存在したのに対して、埼玉県にはそうした場所がなかったことが背景にある。

一方で、小規模なニュータウンはいくつかあり、幸福度1位の鳩山町はその代表例だろう。また、日本最大面積のショッピングセンターであるイオンレイクタウンが作られた越谷市の越谷レイクタウンも近年評価を高めているようだ。

冒頭で、筆者の分析では埼玉方面の人気が高まっている傾向は見られないと述べたが、住民基本台帳人口移動報告のデータを見ると埼玉県の転入超過数は、コロナ禍前もコロナ禍後も月間1000人台で安定しており、東京都、神奈川県、千葉県とは違う傾向を見せている。これは、地方から出てきて最初は東京都に住んだが、その後、首都圏内で引っ越す時に埼玉県が安定的に選ばれている、という傾向を示しているともいえる。

埼玉県の人気が高まっているとすれば、そうした埼玉県内居住者からの支持が増えているのかもしれない。

全国から集まった若者は東京で出会い、結婚して郊外に移っていく

首都圏の都心部と郊外ニュータウンの住みここちの評価の高さは、高度成長期以降の東京への若年人口の集中と、家族形成に伴う住宅確保という社会構造に対応した結果ともいえる。そのことを明確に示したのは日本大学の中川雅之教授の研究で、2015年に発表された「結婚市場と

しての東京：少子化対策としての地域政策」では、全国から集まった若者たちが東京で出会い、結婚するタイミングでその多くが神奈川県、千葉県、埼玉県に移動していくことが示されている。また、東京都の出生率が低いのは、子どもを産む前段階の人たちを含む未婚者が多いことが影響しており、出生率は首都圏全体で見ていく必要があることを指摘している。

こうした研究成果は、東京都の出生率を上げようとするのではなく、首都圏全体として結婚するきっかけとなる出会いと婚姻数の増加を政策目標とすべきであることを示唆している。

出会いと結婚のタイミングでの移動を考えれば、若いときに住む場所は、住みここちの評価の高さや、いわんや住みたい街ランキングの順位はあまり気にせず、学校や勤務地への通いやすさや、家賃などを基準に選んでも問題ない。本格的に住む場所をきちんと考えて選ぶべきなのは、結婚するタイミングということになる。

そのときには、自分と同じような人たちが多い場所を選ぶのが、一番リスクが少ないだろう。企業や組織では多様性が重視されるようになっているが、個々人の生活という観点では、人は自分と同じような人たちと一緒にいるほうが心地よいと感じることが多いからである。そのためには、住みここちランキングなどの居住者評価を基にして、いくつかの街を実際に訪れてみることを、強くお勧めする。

関西地方：中心と外縁に住みここちのいい街があるドーナツ構造

まずは2府3県を範囲とした関西全体のランキングを見てみよう。住みここちランキング上位20位のほとんどは大阪市と兵庫県の市区町村で、他の府県では2位の奈良県王寺町、7位の京都市中京区がランクインしただけだった。

都市圏では一般的に、中心部の住みここち評価が最も高く、中心部から周縁部にかけて緩やかに、連続性を持って評価が変化していく。しかし関西地方は違う。住みここちの評価を基準に市区町村を色分けしてみると、ドーナツ状になる。

自治体の住みここちの全国偏差値70以上を黒、60以上70未満をグレーとした次ページのマップでは、大阪市中心部の北区、中央区は住みここち評価偏差値が70を超えており、阿倍野区、城東区、旭区、住吉区、浪速区も偏差値60以上と高い評価を得ている。そして、その外側になると評価が偏差値60未満、つまり白くなっている。

関西全体			
	住みここち	住み続けたい	幸福度
1位	大阪市天王寺区	大阪府島本町	大阪府豊能町
2位	奈良県王寺町	兵庫県芦屋市	大阪府島本町
3位	大阪府箕面市	和歌山県かつらぎ町	兵庫県福崎町
4位	兵庫県芦屋市	兵庫県西宮市	大阪府箕面市
5位	大阪市北区	奈良県生駒市	滋賀県栗東市

出所：いい部屋ネット　街の住みここちランキング2022

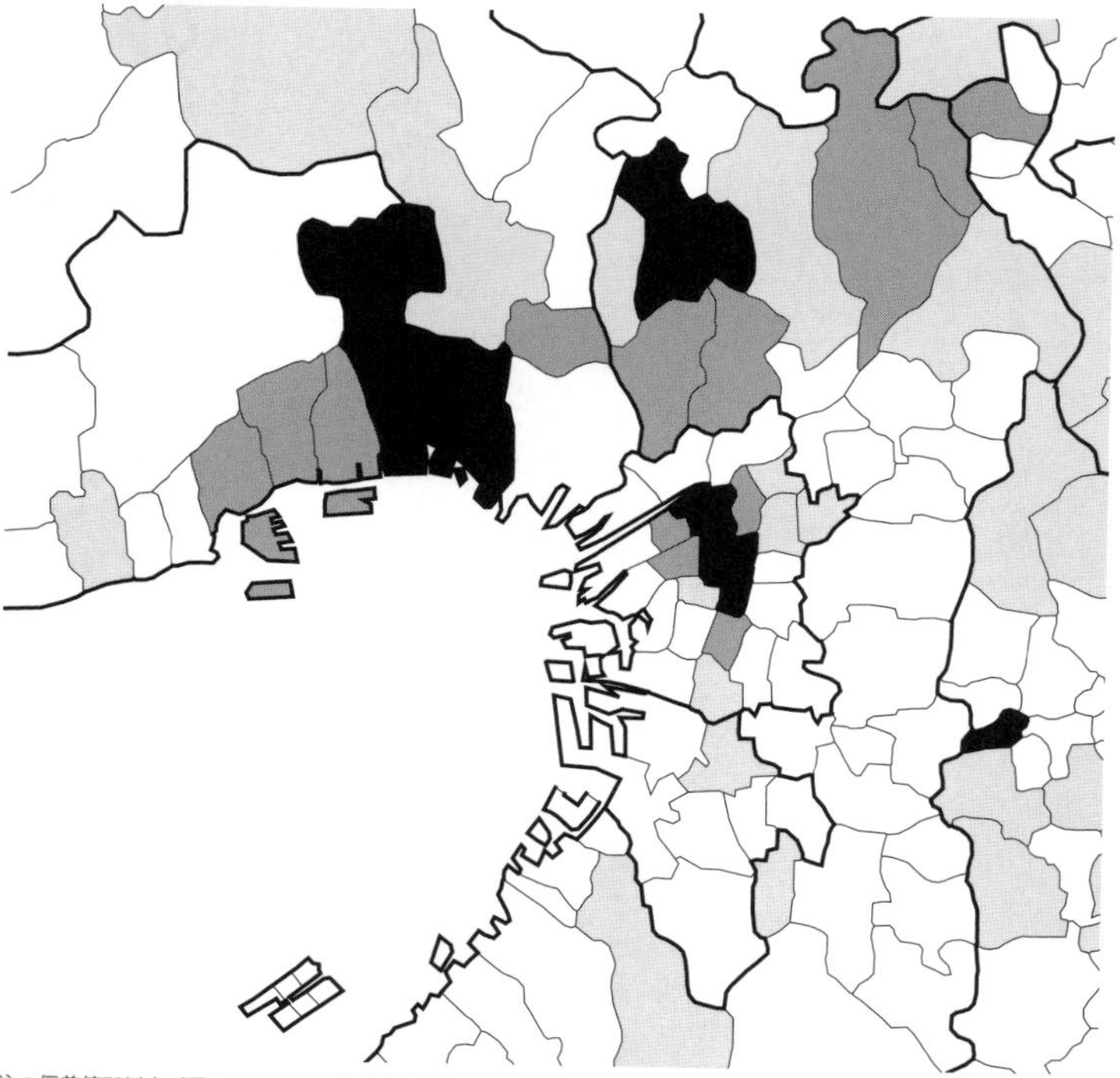

注：偏差値70以上が黒、65以上70未満が濃いグレー、60以上65未満がグレー
出所：いい部屋ネット　街の住みここちランキング2022　個票データから筆者作成

ところが、その外側に黒やグレーの自治体が存在している。大阪府箕面市、兵庫県西宮市と芦屋市、奈良県王寺町が偏差値70以上の黒となっており、神戸市や大阪府北部、奈良県西部に偏差値60以上の自治体が多く存在する。

こうしたドーナツ構造が生まれた理由を推察するには、以下のような指摘が参考になりそうだ。

・「大阪市の外縁部には、明治末期から多くの郊外住宅地が生まれた。その背景に、大阪が近代工業都市として成長しつつあったことがあげられる。」土井・河内（1995年）

・「近代工業の發展（発展）と人口増加は、従来の都市空間との歪《ひず》みを生じ、煤煙《ばいえん》による大気汚染などの環境問題の深刻化や、水質の悪化による伝染病の流行がしばしば起きるようになった」土井・河内（1995年）

・「日清戦争後、旧富裕層の『問屋』商人が没落して、工業等の『実業家』にとって代わられたが、新富裕層は旧富裕層の屋敷跡に住むことは少なく、環境がいい郊外へ居をかまえたのではないか」町田（2018年）

・「豊中市と吹田市にまたがる千里ニュータウンでは、大阪都心部への通勤の利便性が高い条件の下で、積極的な建て替え、バリアフリー化により、2007年を底として人口増加に転じている。大阪では『都心回帰』が基調であるが、郊外の利便性が高く、良質な住宅地への逆流が生じているのである」町田（2018年）

このように、大阪市を中心とする関西圏の都市の形成プロセスが首都圏など他の都市圏とは違っていることが、このドーナツ構造の要因になっているようだ。

大阪府：中心部かつ文教地区の天王寺区が評価トップ

大阪府の住みここち1位は、文教地区である大阪市天王寺区だ。3～5位にも、大阪市中心部の北区、中央区、阿倍野区がランクインしている。

これらの場所は、いわゆる谷町筋と呼ばれる上町台地に沿った地域であり、中世からの大阪の中心である。天王寺区や阿倍野区は古くからの寺社が多い文教地区で、北区には梅田、中央区には心斎橋や難波などの繁華街がある。地下鉄谷町線沿いには、心斎橋筋商店街、天神橋筋商店街などの活気のある商店街もある。

大阪府、大阪市ともに、全体としては人口は減少傾向にあり、日本全国の中での地位が低下し

大阪府			
	住みここち	住み続けたい	幸福度
1位	大阪市天王寺区	島本町	豊能町
2位	箕面市	大阪市天王寺区	島本町
3位	大阪市北区	箕面市	箕面市
4位	大阪市中央区	高槻市	豊中市
5位	大阪市阿倍野区	茨木市	吹田市

出所：いい部屋ネット　街の住みここちランキング2022

ていると指摘されている。しかし大阪市中心部は、近年はタワーマンションが多く供給され、人口も大きく増加している。再開発が進み、歴史的背景がある賑やかな商店街もある、オフィス街もある、文教地区もある、といった多様性、多面性が評価されているということだろう。

一方、住み続けたい街や幸福度の上位には郊外の街が多く、中心部で5位以内に入ったのは大阪市天王寺区だけだった。天王寺区は中心部にありながら寺社も多い文京地区で、住宅地としての評価の高さがその背景にありそうだ。

兵庫県：阪急電鉄沿線の自治体が高評価

兵庫県の住みここちでは、明治以降に開発された古くからの住宅地が存在する阪急電鉄沿線の芦屋市、西宮市、神戸市灘区、神戸市東灘区、神戸市中央区の評価が高い。

兵庫県			
	住みここち	住み続けたい	幸福度
1位	芦屋市	芦屋市	福崎町
2位	西宮市	西宮市	宝塚市
3位	神戸市灘区	神戸市東灘区	市川町
4位	神戸市東灘区	伊丹市	西宮市
5位	神戸市中央区	明石市	神戸市東灘区

出所：いい部屋ネット　街の住みここちランキング2022

芦屋市、西宮市、神戸市東灘区は住み続けたい街ランキングでも1～3位を占めている。幸福度でも西宮市が4位、東灘区が5位、芦屋市が6位となっており、兵庫県では複数の指標で評価の高い地域が阪急沿線に集中していることが分かる。

この表には記載していないが、住んでみたい街を尋ねた住みたい街ランキングでは、1～5位を兵庫県内の市町村が占めた。これは東京都を除くと唯一の例で、地元への支持が非常に高いことが分かる。こうした評価の傾向は、やはり100年にわたって行われてきた阪急沿線の住宅地開発と、住環境を維持する努力が実を結んだものだろう。

京都府：京都市中心部が高評価、幸福度は郊外

京都府のランキングを見てみると、次ページのように住みここちでは中心部である京都市内が強かった。一方、住み続けたい、幸福

京都府			
	住みここち	住み続けたい	幸福度
1位	京都市中京区	長岡京市	大山崎町
2位	京都市左京区	京都市中京区	宇治田原町
3位	長岡京市	与謝野町	木津川市
4位	京都市上京区	大山崎町	向日市
5位	京都市下京区	京都市北区	長岡京市

出所：いい部屋ネット　街の住みここちランキング2022

度では郊外の街がランクインしており、これは全国的な傾向と一致している。京都府には大阪府・兵庫県のようなドーナツ構造は見られない。

奈良県、滋賀県は新興住宅地が上位に来ており、これも全国的な傾向と一致している（ランキング表は次ページ）。奈良県の王寺町、広陵町、生駒市、香芝市は、大阪への通勤圏にあり、滋賀県の草津市、守山市も近年人口を大きく増やしている。

幸福度ランキングを見てみると、住みここちランキングや住み続けたい街ランキングとは異なる街がランクインしている。周辺部のさらに外縁部でも幸福に暮らしている人が多い街があることは、都市部や都市郊外とは違った暮らし方がある、という意味で注目に値するだろう。

奈良県			
	住みここち	住み続けたい	幸福度
1位	王寺町	生駒市	大淀町
2位	広陵町	王寺町	平群町
3位	生駒市	広陵町	生駒市
4位	奈良市	橿原市	王寺町
5位	香芝市	奈良市	香芝市

滋賀県			
	住みここち	住み続けたい	幸福度
1位	草津市	守山市	栗東市
2位	守山市	日野町	竜王町
3位	大津市	長浜市	米原市
4位	栗東市	草津市	守山市
5位	長浜市	米原市	大津市

和歌山県			
	住みここち	住み続けたい	幸福度
1位	上富田町	かつらぎ町	かつらぎ町
2位	有田川町	紀の川市	海南市
3位	かつらぎ町	有田川町	みなべ町
4位	和歌山市	海南市	有田川町
5位	岩出市	和歌山市	和歌山市

出所：いい部屋ネット　街の住みここちランキング2022

東海・北陸地方：愛知県長久手市が住みここち全国トップの高評価

東海4県（愛知・岐阜・三重・静岡）のランキングでは、名古屋市の東隣にある愛知県長久手市の評価が、住みここち1位、住み続けたい1位、幸福度2位と非常に高かった。長久手市は全国で見ても、住みここち1位、住み続けたい2位、幸福度18位と極めて高い評価を得ている。

長久手市は区画整理事業を計画的に進めてきており、それが計画的な住宅供給につながり人口が増加する要因になっている。2005年には愛知万博が開催され、それに合わせて、名古屋市営地下鉄東山線の終点・藤が丘駅（名古屋市名東区）からリニアモーターカー「リニモ」が開業し、名古屋市中心部とのアクセスが向上した。万博を機に名古屋瀬戸道路の長久手インターも開業しており、東名高速道路などとの広域アクセスも良好だ。

万博会場の跡地である愛・地球博記念公園（モリコロパーク）内には2022年にジブリパークが開園し、市内にはアピタ長久手店、イオンモール長久手、東京インテリア家具長久手店、I

東海全体			
	住みここち	住み続けたい	幸福度
1位	愛知県長久手市	愛知県長久手市	三重県東員町
2位	名古屋市昭和区	三重県朝日町	愛知県長久手市
3位	名古屋市東区	静岡県森町	岐阜県北方町
4位	名古屋市名東区	岐阜県安八町	愛知県日進市
5位	静岡県長泉町	三重県東員町	愛知県みよし市

出所：いい部屋ネット　街の住みここちランキング2022

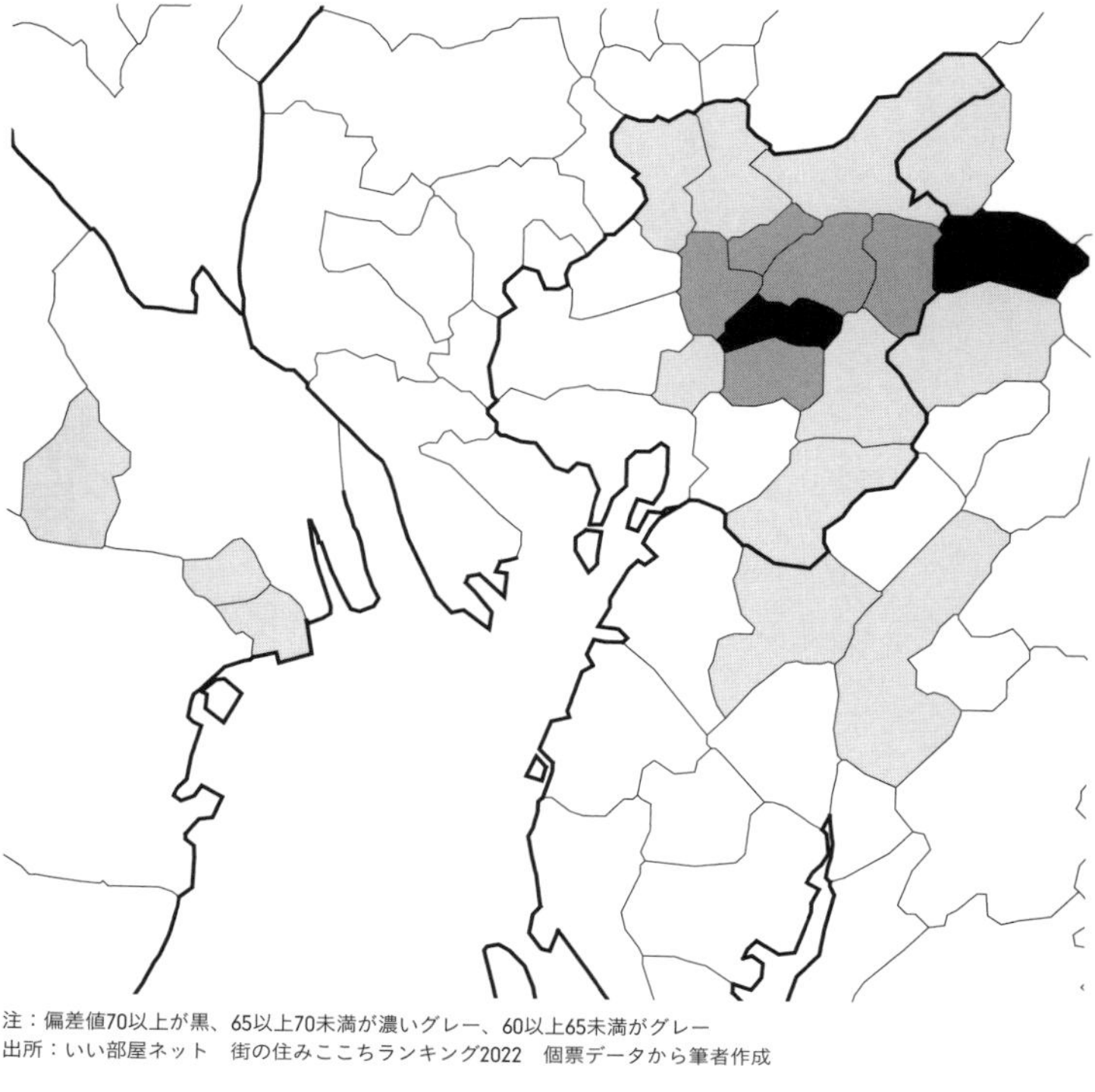

注：偏差値70以上が黒、65以上70未満が濃いグレー、60以上65未満がグレー
出所：いい部屋ネット　街の住みここちランキング2022　個票データから筆者作成

KEA長久手といった商業施設も数多く立地し、新興住宅地として人口が増え続けている。居住者の平均年齢は40歳程度と、日本全体の平均48歳よりもずいぶんと若い。

愛知県を中心とした少し広い地域を見てみるために、住みここち偏差値をマップにしてみると、前ページのように名古屋市東部と三重県北部に評価の高い場所があることが分かる。

愛知県の住みここちで1~5位を占めた長久手市と名古屋市東部には新しく開発された地域が多い。住民の多くは新しく家を買って家族で移り住むだけの経済的余力があり、適度な距離感のある人間関係と、大型ショッピングセンターなどがある利便性の高さが評価されているようだ。

住みここち2位の名古屋市昭和区は、図書館などの文化施設や大学の多い東海地方屈指の文教地区であり、東部の八事周辺は市内屈指の高級住宅地となっている。都市中心部の文教地区としては、大阪市天王寺区、東京都文京区に対比できるだろう。

評価が高いのは、合併しなかった小さな町

東海地方の愛知県以外の順位を見てみると、合併しなかった小さな町が上位にランクインしているのが目立つ。

愛知県			
	住みここち	住み続けたい	幸福度
1位	長久手市	長久手市	長久手市
2位	名古屋市昭和区	名古屋市緑区	日進市
3位	名古屋市東区	武豊町	みよし市
4位	名古屋市名東区	名古屋市昭和区	大府市
5位	名古屋市千種区	豊橋市	名古屋市瑞穂区

岐阜県			
	住みここち	住み続けたい	幸福度
1位	北方町	安八町	北方町
2位	大垣市	川辺町	御嵩町
3位	垂井町	大垣市	八百津町
4位	岐阜市	関市	富加町
5位	瑞穂市	飛騨市	本巣市

出所：いい部屋ネット　街の住みここちランキング2022

岐阜県で住みここち1位の北方町は、岐阜県内の市区町村で面積が最も小さいが、人口密度は最も高い。町内に鉄道駅はないが、住宅開発が進み人口増加が続いている。また、コロナ禍の影響で難航しているというが、イオンタウンを中心とした複合商業施設の建設も計画されている。

北方町以外にも、西部の垂井町、安八町、東部の御嵩町、八百津町、富加町といった合併を選択しなかった街が上位にランクインしているのが興味深い。

三重県のランキングを見ても、上位には、朝日町、東員町、川越町といった合併しなかった小さな町がランクインしている。朝日町には東芝産業機器システム三重事業所

三重県			
	住みここち	住み続けたい	幸福度
1位	川越町	朝日町	東員町
2位	朝日町	東員町	玉城町
3位	東員町	伊勢市	朝日町
4位	玉城町	名張市	名張市
5位	伊勢市	津市	津市

静岡県			
	住みここち	住み続けたい	幸福度
1位	長泉町	森町	浜松市西区
2位	清水町	清水町	浜松市北区
3位	浜松市浜北区	静岡市葵区	長泉町
4位	静岡市葵区	藤枝市	小山町
5位	静岡市駿河区	静岡市清水区	森町

出所：いい部屋ネット　街の住みここちランキング2022

があり、北部では2006年以降に宅地開発が進んで人口が大きく増加している。川越町は、JERA川越火力発電所からの固定資産税収入によって財政状況が良好で、朝日町と同じく名古屋中心部へのアクセスが良い。東員町も北部に新興住宅地、南部に工業団地がある。こうした財政的に余力があり、合併しなかった街の評価が高くなっている。

静岡県でも、長泉町、清水町、森町といった小さな町が上位にランクインしている。静岡県東部にある長泉町と清水町には工場が多く立地しており、住宅開発も進み人口も増えているという同じような特徴がある。

一方、住み続けたい1位、幸福度5位の

森町は、県西部の中心都市・浜松市の北東に位置し、「遠州の小京都」とも呼ばれる歴史のある町だ。長泉町や清水町のように工場が立地しているわけでもなく、人口も減少傾向にあるが、2004年には袋井市、浅羽町との合併を住民投票によって取りやめ、単独での街づくりを選択している。

北陸の街の評価が高いのは家が広いからではない

北陸地方を見ると、住みここちランキングでは4位の富山県砺波市以外は石川県の市となっている。

住みここちランキングは居住者へのアンケート調査の結果を集計したものだが、人口当たり病院数・刑法犯認知件数・小売販売額、財政力指数、1住宅当たり延べ床面積といった公表されている指標を用いて住みやすさを測ったランキングもある。こういった調査では、石川県野々市市、石川県白山市、福井市、金沢市、石川県能美市、石川県小松市、石川県かほく市といった、大きな家が多い北陸地方の街が上位に来ることがけっこうある。

ただし、公表されている指標をよく見ると、1戸当たり床面積が富山県では150平方メート

北陸全体			
	住みここち	住み続けたい	幸福度
1位	石川県野々市市	石川県かほく市	富山県滑川市
2位	石川県白山市	石川県野々市市	福井県高浜町
3位	石川県金沢市	富山県氷見市	石川県かほく市
4位	富山県砺波市	富山県南砺市	石川県小松市
5位	石川県かほく市	福井県越前市	福井県若狭町

出所：いい部屋ネット　街の住みここちランキング2022

ルを超えるなど、北陸地方はもともと大きな住宅が多い地方であることが分かる。そのため公表されている指標を用いたランキングでは、各指標の重み付けをどうするかが難しいという問題がある。

居住者の回答を基にした住みここちランキングでは、住宅面積の広さが直接、住みここちの評価を押し上げている傾向は見られない。例えば、1位となった石川県野々市市は新しく開発された住宅地が多く、北陸地方に昔からある大規模な住宅は少ない。評価が高いのは家が広いからではなく、新築住宅の住みやすさと、新興住宅地特有の適度な距離感のある人間関係や商業施設の利便性などによるものなのだ。

各県別のランキングを石川県から見ると、次ページのように、住みここち、住み続けたい、幸福度の3つのランキングの上位には、野々市市、かほく市、金沢市、小松市、白山市と同じような顔ぶれの街がランクインしている。これら金沢市を中心とする地域は人口が100万人を超えており、2015年の北陸新幹線長野・金沢間

石川県			
	住みここち	住み続けたい	幸福度
1位	野々市市	かほく市	かほく市
2位	白山市	野々市市	小松市
3位	金沢市	小松市	金沢市
4位	かほく市	白山市	羽咋市
5位	小松市	金沢市	野々市市

出所：いい部屋ネット　街の住みここちランキング2022

開業によって北陸地方の中での求心力を一層高めているようだ。

富山県のランキングでも、富山市を中心とする砺波市、射水市、滑川市といった街の評価が高くなっている。富山市は2005年の7市町村の新設合併により市域は大きく広がり、富山ライトレール（現・富山地方鉄道富山港線）と富山地方鉄道富山市内軌道線を直通運転させる2020年の富山駅南北接続事業など、コンパクトシティーへの取り組みも行っている。

一方で、イオンモール高岡、イオンスタイル高岡南、イオンモールとなみといった郊外型の大型ショッピングセンターは富山市外に立地しており、中心市街地のにぎわいという点では金沢市のほうが評価は高いようだ。地方では、公共交通機関よりもクルマが移動手段として定着していることも影響しているだろう。

福井県のランキングでは、住みここちでは福井市、勝山市、住み続けたいでは越前市、坂井市、幸福度では高浜町、若狭町といったように、三つのランキングにそれぞれ多様な街がランクインしてい

富山県			
	住みここち	住み続けたい	幸福度
1位	砺波市	氷見市	滑川市
2位	滑川市	南砺市	射水市
3位	富山市	砺波市	入善町
4位	射水市	射水市	富山市
5位	魚津市	魚津市	砺波市

福井県			
	住みここち	住み続けたい	幸福度
1位	福井市	越前市	高浜町
2位	勝山市	坂井市	若狭町
3位	坂井市	大野市	越前市
4位	越前市	越前町	勝山市
5位	あわら市	鯖江市	敦賀市

出所：いい部屋ネット　街の住みここちランキング2022

るのが特徴といえるだろう。

平成の大合併で多くの街が合併したことで面積の広い自治体が増えたが、そうした自治体では居住者の回答が平均化されることで地域ごとの違いが把握しにくくなっている。東海地方には合併を選択しなかった街が多くある一方、北陸地方では合併した街が比較的多いことも、ランキングの顔ぶれの違いにつながっているようだ。

九州・沖縄地方：県庁所在地ではなく、その郊外の新興住宅地の評価が高い

福岡県はランキングごとに街の顔ぶれが違う

まず福岡県を見てみよう。福岡市中央区が住みここち１位と住み続けたい３位、福岡市と北九州市の中間に位置する岡垣町が住み続けたい１位と幸福度２位にランクインしているほかは、ランキングの種類によって街の顔ぶれが異なる。

これは福岡市の生活利便性や交通利便性が非常に高く、九州・山口地方から多くの人が集まり、流動性も高いことがその背景にあると考えられる。また、鉄道だけではなく高速バスの発達が福岡市の人気の背景にあるだろう。例えば、大分駅から福岡の天神まではＪＲで２時間ちょっと、運賃は片道で約１万円必要だが、高速バスなら同じような時間で運賃は３０００円程度で済む。

公益社団法人日本バス協会の「２０２１年度版日本のバス事業」によれば、１９９０年に運行

福岡県			
	住みここち	住み続けたい	幸福度
1位	福岡市中央区	岡垣町	新宮町
2位	福岡市城南区	糸島市	岡垣町
3位	福岡市西区	福岡市中央区	大刀洗町
4位	春日市	福津市	大野城市
5位	福岡市早良区	小郡市	北九州市若松区

出所：いい部屋ネット　街の住みここちランキング2022

系統数772系統、運行回数は1日当たり2952回、年間輸送人員は5058万人にすぎなかった高速バスは、2019年にはそれぞれ5132系統、1日当たり1万3935回、1億409万人と大幅に増えている。

若い人たちはまず、商業施設やオフィス、大学などが集積する福岡市内に集まる。そこでの出会いから家族を形成する過程で、郊外の街に新居を構える、という流れがあるようだ。幸福度には、結婚していること、子どもがいること、世帯年収が高いこと、家族仲が良いことといった条件がプラスの影響を及ぼすことが分析結果から示されている。福岡市近郊の新興住宅地の街では、こうした条件を満たす人たちが多く住んでいることが、幸福度を押し上げていると推察される。

注目したいのは福岡市中央区で、住みここちと住み続けたいで上位に入っただけでなく、幸福度も7位と比較的高かった。再開発が進む繁華街・天神や大濠公園、動植物園があるコンパクトシティーの代表格だが、物価や家賃はそれほど高くない。都市中心部の利便性の高さと住みやすさが両立しており、地方の中心都市としての成功事例といえるだろう。

福岡市は人々の意識にも特徴がある。「人間関係が濃密だ」は福岡市を除く九州・沖縄の平均が100点満点で47・4点だったのに対して、福岡市は41・3点と低かった。逆に「多様な人々がいる」「様々なチャンスがある」という設問への点数は福岡市のほうが高かった。

地方の人口減少の原因として仕事がないことがよく指摘されるが、それ以外に、地方特有の人間関係の濃密さやその背景にある多様性のなさが嫌われている可能性が高いということだろう。また、その傾向は20〜30歳代の女性で特に強いという調査結果が出ている。

県庁所在地が住みここち1位とは限らない

では福岡県以外はどうだろうか。福岡県とは異なり、大分県の住みここち1位が大分市だったことを除けば、いずれのランキングも1位に県庁所在地は入らず、その郊外の新興住宅地が上位に来ているケースが多い。例えば佐賀県の鳥栖市と基山町、長崎県の時津町と長与町、熊本県の合志市と菊陽町、大分県日出町、鹿児島県姶良市がそれに当たる。

佐賀県			
	住みここち	住み続けたい	幸福度
1位	鳥栖市	基山町	基山町
2位	基山町	鳥栖市	鳥栖市
3位	武雄市	鹿島市	武雄市
4位	佐賀市	小城市	佐賀市
5位	小城市	唐津市	吉野ヶ里町

長崎県			
	住みここち	住み続けたい	幸福度
1位	時津町	時津町	時津町
2位	長与町	西海市	大村市
3位	佐々町	長与町	長与町
4位	大村市	長崎市	川棚町
5位	長崎市	大村市	波佐見町

出所：いい部屋ネット　街の住みここちランキング2022

こうした街の周辺にはイオンモールやゆめタウンのような郊外型の大型ショッピングセンターがあることが多い。九州・沖縄地方では、日常使う交通手段がクルマと回答した比率が高く、県庁所在地・政令市以外では70・0％に達した。県庁所在地でも宮崎市の67・8％を筆頭に50％以上が多く、50％を下回ったのは長崎市（46・8％）、福岡市（36・2％）だけだった。

クルマが日常の交通手段になっている地域では、必ずしも中心市街地に様々な機能が集積されている必要はない。郊外の広い戸建てに住み、クルマで郊外の大型ショッピングセンターに行く生活が定着しており、それが評価されている、ということだ。加

熊本県			
	住みここち	住み続けたい	幸福度
1位	合志市	合志市	菊陽町
2位	菊陽町	熊本市西区	熊本市東区
3位	熊本市中央区	菊陽町	熊本市中央区
4位	熊本市東区	益城町	益城町
5位	熊本市南区	熊本市東区	熊本市西区

鹿児島県			
	住みここち	住み続けたい	幸福度
1位	姶良市	日置市	霧島市
2位	鹿児島市	姶良市	奄美市
3位	霧島市	霧島市	姶良市
4位	日置市	鹿児島市	鹿児島市
5位	出水市	出水市	南九州市

出所：いい部屋ネット　街の住みここちランキング2022

えて、新興住宅地は新築住宅の住みやすさに加え、新しい住民が多いことによって適度な距離感のある、負担感の少ない人間関係・コミュニティーが形成されていることも、住みここちを向上させていると考えられる。

大型ショッピングセンターの存在が高評価につながる

例えば熊本県合志市は、熊本県で住みここち1位、住み続けたい1位、幸福度9位となっている熊本市近郊の新興住宅地で、熊本市内につながる熊本電鉄が走る。ショッピングセンターのゆめタウンも近隣（所

大分県			
	住みここち	住み続けたい	幸福度
1位	大分市	日出町	由布市
2位	日出町	豊後高田市	大分市
3位	別府市	臼杵市	日出町
4位	由布市	大分市	日田市
5位	臼杵市	別府市	宇佐市

沖縄県			
	住みここち	住み続けたい	幸福度
1位	北谷町	北中城村	北中城村
2位	北中城村	北谷町	西原町
3位	豊見城市	豊見城市	嘉手納町
4位	中城村	浦添市	石垣市
5位	南風原町	読谷村	糸満市

出所：いい部屋ネット　街の住みここちランキング2022

在地は南側に隣接する菊陽町だが、市境を越えてすぐの場所）にある。新興住宅地と鉄道と大型ショッピングセンターが組み合わさった街の可能性を示しているといえるだろう。

沖縄県で住みここち2位、住み続けたい1位、幸福度1位と高評価だったのは沖縄県北中城村《きたなかぐすくそん》で、沖縄県最大級のショッピングモールであるイオンモール沖縄ライカムが2015年に開業しており、住宅開発も進んでいる。これらは米軍基地のキャンプ瑞慶覧《ずけらん》の一部が返還された後の再開発事業によるもので、地方の大規模な再開発の成功例といえる。

宮崎県で住みここち5位、住み続けたい

宮崎県			
	住みここち	住み続けたい	幸福度
1位	三股町	都城市	日向市
2位	宮崎市	宮崎市	日南市
3位	都城市	日向市	三股町
4位	門川町	三股町	門川町
5位	日向市	小林市	国富町

出所：いい部屋ネット　街の住みここちランキング2022

3位、幸福度1位となった日向市にも注目している。

近くに空港はなく、JR日豊本線があるものの交通利便性は高いとはいえない。どちらかというと街としては孤立しているにもかかわらず、住民からの評価が高いのには、都市部とは違った良さがあるのだろう。

中国・四国地方‥大都市と合併しなかった隣街が高評価

中国・四国地方で最大の都市は人口約120万人の広島市だが、住みここち、住み続けたい、幸福度すべてで広島県1位になったのは、人口約5万人の府中町だった。

府中町は広島市に囲まれているが、マツダの本社があり財政的に余裕があることもあって、広島市との合併協議会も設置されたが単独町制を維持している。広島県の住みここちと住み続けたいでそれぞれ3位に入った海田町、幸福度で2位に入った坂町も、広島市に隣接しながら合併していない自治体だ。

九州・沖縄地方と同様、県庁所在地ではなく、その郊外の新興住宅地が上位にランクインする傾向は、中国・四国地方にも当てはまる。そうした街の近辺には大型ショッピングセンターが立地していることが多い。

岡山県でも住みここち、住み続けたいで1位、幸福度でも4位に入ったのは、岡山市の西隣の

広島県			
	住みここち	住み続けたい	幸福度
1位	府中町	府中町	府中町
2位	広島市南区	廿日市市	坂町
3位	海田町	海田町	広島市安佐南区
4位	広島市西区	広島市南区	広島市佐伯区
5位	広島市中区	広島市佐伯区	世羅町

岡山県			
	住みここち	住み続けたい	幸福度
1位	早島町	早島町	矢掛町
2位	岡山市北区	総社市	瀬戸内市
3位	総社市	浅口市	総社市
4位	岡山市中区	倉敷市	早島町
5位	里庄町	美作市	美咲町

出所：いい部屋ネット　街の住みここちランキング2022

早島町だった。

ただ、住みここち2位には岡山市北区、4位には岡山市中区が入っている。その理由の一つとして考えられるのは、2014年に開業したイオンモール岡山だ。

大型ショッピングセンターは基本的に都市郊外にあることがほとんどだが、イオンモール岡山はイオン初となる都市型ショッピングセンターとしてJR岡山駅前にオープンし、駅前のにぎわいの復活に貢献している。

これまで中心市街地の商業施設といえば百貨店などが代表格であり、商店街再生に取り組む事例も多かったが、郊外立地中心だったショッピングセンターの都心部への

山口県			
	住みここち	住み続けたい	幸福度
1位	下松市	萩市	下松市
2位	宇部市	防府市	光市
3位	下関市	光市	宇部市
4位	光市	下松市	山口市
5位	山口市	田布施町	防府市

出所：いい部屋ネット　街の住みここちランキング2022

進出が、今後の街づくりの新しい手法になっていく可能性を示している。

また岡山県では、矢掛町が幸福度で1位となっているのが注目される。全国的な傾向では都市郊外の新興住宅地の幸福度が高い傾向にあるが、県の南西部にあり、岡山市と広島県福山市の中間に位置する矢掛町には新興住宅地とは違った理由があると思われ、歴史的な街並みや特有のコミュニティーの存在といった要因がありそうだ。

山口県は日本海と瀬戸内海の両方に面し、都市圏としては北九州市とのつながりが強い。実際、山口県の住みたい街ランキングを見ると、中国・四国地方の他の各県とは傾向が異なり、1位：福岡市、2位：東京23区、3位：広島市、4位：北九州市となっている。

住民の評価は瀬戸内海側の工業都市である下松市、宇部市、光市といった街の評価が高くなっている。県庁所在地の山口市は人口が19・7万人と県内2位で、1位：下関市の26・9万人よりも少なく、2005年の合併前は約14万人と県庁所在地では全国最下位だった。

島根県			
	住みここち	住み続けたい	幸福度
1位	松江市	松江市	隠岐の島町
2位	出雲市	出雲市	松江市
3位	隠岐の島町	雲南市	出雲市
4位	雲南市	益田市	雲南市
5位	—	安来市	—

鳥取県			
	住みここち	住み続けたい	幸福度
1位	米子市	琴浦町	米子市
2位	鳥取市	米子市	湯梨浜町
3位	境港市	北栄町	鳥取市
4位	湯梨浜町	境港市	倉吉市
5位	倉吉市	—	琴浦町

出所：いい部屋ネット　街の住みここちランキング2022

人口が少ないことや、住みここちの評価が高くない背景には、歴史的に見ても日本では珍しい、政治のための都市であったことも影響している可能性があるだろう。

また、萩市が住み続けたい1位になっているが、これは萩市の持つ歴史と伝統が住民の誇りと愛着につながっていることが理由の一つだろう。

山陰地方で存在感を発揮する中海・宍道湖・大山圏域

山陰地方の住みここちで最も高い評価を得ている松江市の評点は63・6だが、全国平均の60・6点よりもやや高い程度で、残念ながら評価が高いとはいえない。その中で島根県の幸福度1位が隠岐の島町という離島だったのは意外な結果であり、その離島特有の要因・背景があるのかもしれない。ちなみに同じような離島で、10年間で数百人の移住者がいる独自の街づくりで有名な海士町は人口が2293人と少なく、調査回答者が1人もいないため実態が把握できなかった。

日本海側にある街への評価があまり高くないのは、都市としての人口集積が足りないことが要因である可能性がある。その中で、鳥取県西部地域の米子と島根県東部地域の松江・出雲を中心とする中海・宍道湖・大山圏域の総人口は約64万人と存在感を発揮しており、松江市、出雲市はいずれの指標でも上位にランクインしている。

このような県をまたぐ都市圏は、首都圏・名古屋都市圏・関西圏以外ではここだけであり、選挙区も2016年から鳥取と島根の参議院は合区されている（他に徳島県と高知県が合区されているが都市圏は連続していない）。

住みここち上位に入らなかった徳島市

四国地方に目を転じてみよう。香川県は中山間地域が非常に少なく、面積も47都道府県で最も小さい。その結果、全国ランキングで上位にランクインする街はあまりないが、下位の街もほとんどないことから、平均値は高くなる。都道府県別の住み続けたい街全国ランキングでは、評点60・6点で2位となっている。

自治体別で見ると、宇多津町、三木町、綾川町、多度津町といった街の評価が高い。イオンモールやイオンタウンが比較的集中して立地していることが生活利便性を高めているようだ。

徳島県では県庁所在地である徳島市がランキング上位に入らず、郊外の石井町、藍住町、北島町、坂野町、松茂町の評価が高かった。これらの街にはフジグランやゆめタウンといったショッピングセンターが出店している。

またIT（情報技術）企業のサテライトオフィス誘致など、独自の街づくりで有名な神山町がランキングに入っていないのは、神山町の回答者数が10人と、集計対象となる50人に満たなかったためだ。

神山町のような中山間地域の街は、商業施設が少なく道路事情もよくないため1950年代以降、人口減少が続いている。こうした中山間地域の街の評価があまり高くないのは全国的な傾向だ。デジタル田園都市構想など地方創生が叫ばれる一方で、中山間地域へのてこ入れを長年行ってこなかったこととの整合性は問われるところだろう。

香川県			
	住みここち	住み続けたい	幸福度
1位	宇多津町	まんのう町	琴平町
2位	高松市	三豊市	坂出市
3位	三木町	三木町	丸亀市
4位	綾川町	綾川町	宇多津町
5位	丸亀市	多度津町	高松市

徳島県			
	住みここち	住み続けたい	幸福度
1位	石井町	石井町	板野町
2位	藍住町	板野町	藍住町
3位	北島町	鳴門市	東みよし町
4位	坂野町	北島町	鳴門市
5位	松茂町	徳島市	石井町

出所：いい部屋ネット　街の住みここちランキング2022

愛媛県では、県庁所在地である松山市が住みここち1位、住み続けたい・幸福度で3位と高評価となっているが、西条市、伊予市、松前町の評価も高い。高知県では順位にばらつきはあるが、いの町、南国市、安芸市、高知市が上位に入った。

中国・四国地方では、広島市、岡山市、松山市、高知市に路面電車が残っている。高松市には路面電車ではないが私鉄の高松琴平電鉄が路線網を広げている。路面電車が走る都市は中心市街地の密度が比較的保たれており、繁華街、商店街も生き残っている。ただ岡山市は、前述したイオンモール岡山はにぎわっている一方で、駅前商店街は結構寂れている印象がある。

愛媛県			
	住みここち	住み続けたい	幸福度
1位	松山市	西条市	伊予市
2位	砥部町	伊予市	西条市
3位	松前町	松山市	松山市
4位	内子町	東温市	愛南町
5位	西条市	松前町	松前町

高知県			
	住みここち	住み続けたい	幸福度
1位	いの町	南国市	いの町
2位	高知市	高知市	安芸市
3位	南国市	いの町	高知市
4位	香美市	香美市	南国市
5位	四万十市	—	香美市

出所：いい部屋ネット　街の住みここちランキング2022

岡山市は平野部に位置するのに対して、広島市、松山市、高知市、高松市は山が比較的近く平地が少ない。これは、コンパクトシティーの実現には政策対応よりも都市の地勢的条件のほうが影響が大きいことを示唆している。平地が少なければ政策的誘導がなくとも、再開発を含めた土地の有効活用が行われ、自然とコンパクトな市街地が維持されるということである。

そして、住みここちランキングでは、そうした地勢的にコンパクトな市街地が維持された街も住民から一定の評価を得ている。

北関東・甲信越地方：都心から40分、茨城県守谷市はとても住みやすい

茨城県では、首都圏と一体化した守谷市が高評価

茨城県では住みここち、住み続けたい、幸福度ともに1位の守谷市の評価の高さが突出している。守谷市は1980年代から住宅開発が始まり、2005年のつくばエクスプレス開業前後から、35平方キロメートル程度と比較的小さな市域に、集中的に住宅と商業施設の開発が進み、人口が増え続けている。

つくばエクスプレスを使えば秋葉原まで40分程度と、首都圏中心部へのアクセスが非常に良く、常磐自動車道のインターチェンジもあることが、守谷市で住宅供給が盛んに行われる大きな要因になっている。大規模な住宅開発によって新しい住民が多いことも、適度な距離感のある人間関係を形成できる背景となっており、住みやすさにつながっている。

茨城県			
	住みここち	住み続けたい	幸福度
1位	守谷市	守谷市	守谷市
2位	東海村	大洗町	つくば市
3位	つくば市	東海村	東海村
4位	ひたちなか市	阿見町	阿見町
5位	牛久市	結城市	笠間市

栃木県			
	住みここち	住み続けたい	幸福度
1位	壬生町	益子町	さくら市
2位	宇都宮市	さくら市	高根沢町
3位	下野市	上三川町	上三川町
4位	小山市	佐野市	下野市
5位	那須塩原市	真岡市	佐野市

出所：いい部屋ネット　街の住みここちランキング2022

住みここちで2位、住み続けたい・幸福度で3位だった東海村は、原子力関連産業が多く財政的な余力があり、1970年代後半から人口が大きく増え、現在でも約3・8万人と村としては全国2位の人口となっている。

栃木県：三つのランキングとも評価が分散

栃木県は、住みここち、住み続けたい、幸福度ともに評価が分散している。それでも下野市、さくら市、上三川町、佐野市が三つのランキングの1～5位に複数ランク

群馬県			
	住みここち	住み続けたい	幸福度
1位	高崎市	吉岡町	邑楽町
2位	前橋市	桐生市	吉岡町
3位	みどり市	高崎市	高崎市
4位	吉岡町	みどり市	桐生市
5位	伊勢崎市	安中市	渋川市

出所：いい部屋ネット　街の住みここちランキング2022

インしている。

壬生町、下野市、上三川町は宇都宮市の南部に隣接しており、さくら市は宇都宮市の北東部に隣接している。こうした県庁所在地の周辺部の評価が高くなっているのは、他の地方でも見られる傾向である。

群馬県：前橋市よりも高崎市の評価が高い

群馬県のランキングを見ると、県庁所在地の前橋市よりも、高崎市の存在感が大きいことが分かる。住みここちで1位、住み続けたいで3位、幸福度でも3位となっており、高崎市に近い吉岡町の評価も高い。

新幹線と高速道路が通っているという交通利便性、高崎駅周辺の商業施設の集積といったことが評価の高い背景にあるようだ。

山梨県			
	住みここち	住み続けたい	幸福度
1位	昭和町	昭和町	富士河口湖町
2位	甲斐市	市川三郷町	北杜市
3位	富士河口湖町	北杜市	山梨市
4位	北杜市	山梨市	富士吉田市
5位	中央市	富士河口湖町	昭和町

出所：いい部屋ネット　街の住みここちランキング2022

山梨県：甲府市はランキング上位に入らず

山梨県では県庁所在地である甲府市は5位までに入らず、隣接する昭和町（住みここち1位）とともに、三つのランキングすべてで5位までにランクインしている富士河口湖町と北杜市の評価が高いことが分かる。

甲府市の南にある昭和町は、工業団地があることで財政的余力があるうえに、2011年に山梨県内最大のイオンモールが開業したことで生活利便性も高まり、広範囲から人が集まるようになった。さらに住宅開発が進み人口も増加している。

富士河口湖町は、河口湖、西湖、本栖湖のある観光地、別荘地で、北杜市も八ヶ岳、甲斐駒ヶ岳に囲まれた高原で観光地、別荘地だ。富士河口湖町も北杜市も、観光地としての評価と住民からの評価が両立していることが特徴だろう。

長野県			
	住みここち	住み続けたい	幸福度
1位	御代田町	下諏訪町	駒ヶ根市
2位	松本市	安曇野市	下諏訪町
3位	松川村	南箕輪村	小布施町
4位	小布施町	松本市	飯田市
5位	白馬村	富士見町	塩尻市

出所：いい部屋ネット　街の住みここちランキング2022

長野県：小さな自治体が独自性で高評価

長野県では、軽井沢町の西隣で首都圏からの移住者も多い御代田町、町内に12もの美術館や博物館がある小布施町、諏訪大社下社のある下諏訪町、子育て支援に力を入れており移住者も多い南箕輪村など、独自の特徴を持つ小さな自治体が上位に入っている。

長野県の村は35と全国の都道府県で最も多く、市町村数も全国2位の多さとなっている。いわゆる平成の大合併の際、合併に慎重だったことで多くの小さな町村が残ったからだ。小さな自治体が多いことは、各自治体の特徴を維持しやすいことにつながっている。

新潟県：大都市である新潟市周辺に高評価が集中

新潟県は新潟市周辺の市区町村が上位に多くランクインしている。

住みここち1位の聖籠町は新潟市の北東、同4位の田上町は新潟市

新潟県			
	住みここち	住み続けたい	幸福度
1位	聖籠町	新潟市秋葉区	長岡市
2位	新潟市中央区	佐渡市	新潟市中央区
3位	新潟市西区	加茂市	新発田市
4位	田上町	新発田市	上越市
5位	新潟市江南区	新潟市西区	新潟市西区

出所：いい部屋ネット　街の住みここちランキング2022

の南に隣接している。新潟市は甲信越地方最大の都市で、都市圏人口は100万人を超えている。この大都市としての集積が新潟市周辺の評価の高さにつながっているようだ。

北関東・甲信越地方は、首都圏のように市街地が連続しているわけではなく、公共交通機関による地域内の関係の強さがあるわけでもない。

むしろ、地域でくくるよりも、特徴のある街を個別に見ていくべきで、実際、個性のある街が多い。そうした個性のある街に興味がわけば、移住候補地や2拠点居住候補地として検討するのもいいだろう。それ以前に観光目的でも訪れてみてほしい。

北海道・東北地方：都市部ではない〝無名の地〟でも高評価

北海道：評価が高いのは札幌市だけではない

北海道の人口約518万人（住民基本台帳人口2022年1月）のうち、札幌都市圏（札幌市・江別市・千歳市・恵庭市・北広島市・石狩市・当別町・新篠津村）の人口は約238万人と、約46％を占めている。札幌市だけでも約196万人の人口を有する。札幌市以外で人口が20万人を超えているのは、函館市（約28万人）と旭川市（約33万人）の2市しかない。

そのため、商業施設や都市機能は札幌市への一極集中で、生活利便性や交通利便性の評価でも突出している。

にもかかわらず、住みここち1位は東川町で、2位は東神楽町だった。いずれも旭川市の東に隣接する街で、東神楽町には旭川空港があり、旭川市のベッドタウンとなっており、花のまちと

北海道			
	住みここち	住み続けたい	幸福度
1位	東川町	札幌市中央区	東神楽町
2位	東神楽町	札幌市厚別区	東川町
3位	札幌市中央区	札幌市清田区	別海町
4位	札幌市西区	音更町	恵庭市
5位	札幌市豊平区	札幌市西区	七飯町

出所：いい部屋ネット　街の住みここちランキング2022

して街づくりを進めている。東川町は、大雪山の地下水が利用できるため全国的にも珍しく上水道がなく、写真の町として街づくりを進めており、道外からの移住者も多い。

住み続けたいランキングでは4位に音更町が入った。帯広市の北側にある農業が基幹産業の街だが、帯広市のベッドタウンとして人口を増やしてきた。町内には世界的にも珍しいモール温泉（泥炭などに由来する植物性有機物を含む温泉）の十勝川温泉があり、冬には十勝川で白鳥や丹頂鶴を見ることもできる。

幸福度ランキングでは1位の東神楽町、2位の東川町に続いて、3位に別海町が入った。道東の根室市と中標津町に挟まれた街で、広大な根釧台地で1950年代から始まったパイロットファームによる大規模酪農が基幹産業となっている。

北海道では農業や漁業を基幹産業として、札幌市よりも高い1人当たり所得を実現している町村がある。北端の稚内市のオホーツク海側に隣接しているホタテ漁で有名な猿払村や、千歳市・苫小牧市

宮城県			
	住みここち	住み続けたい	幸福度
1位	富谷市	富谷市	富谷市
2位	仙台市太白区	利府町	美里町
3位	仙台市若林区	東松島市	名取市
4位	仙台市青葉区	仙台市太白区	仙台市太白区
5位	利府町	仙台市泉区	仙台市宮城野区

出所：いい部屋ネット　街の住みここちランキング2022

の東側にあるメロンや競走馬で有名な安平町などと並んで、別海町もそうした街の一つである。地域を支える産業があることが、札幌都市圏以外の評価が高い背景にある。

宮城県：仙台市近郊の富谷市がランキング3冠

宮城県では仙台市を抑え、富谷市が住みここち・住み続けたい・幸福度すべてで1位の3冠となった。東北6県で見ても幸福度が2位だった以外は1位で、非常に評価が高い。

富谷市は仙台市の北に隣接するベッドタウンだが鉄道は走っておらず、最寄りの仙台市営地下鉄泉中央駅までバスで出るしかない。しかし高速道路のインターチェンジは近く、イオンモール、コストコといった郊外型の大規模商業施設もある。

住みここち5位、住み続けたい2位の利府町も富谷市と似ており、東北地方最大のイオンモール新利府があり、仙台市のベッドタウン

岩手県			
	住みここち	住み続けたい	幸福度
1位	盛岡市	滝沢市	盛岡市
2位	滝沢市	盛岡市	紫波町
3位	紫波町	矢巾町	滝沢市
4位	矢巾町	紫波町	陸前高田市
5位	北上市	雫石町	花巻市

出所：いい部屋ネット　街の住みここちランキング2022

として世帯数は増え続けている。同じような属性の住民が適度な距離感のある人間関係を形成し、日常的にはクルマを使う、新興住宅地特有の快適さが評価されているようだ。

岩手県では、盛岡市を中心に西の滝沢市、南の紫波町と矢巾町が、住みここち・住み続けたい・幸福度で上位にランクインしている。

紫波町は、公民連携手法で2012年に開業した紫波中央駅前都市整備事業（オガールプロジェクト）が有名だが、1998年に請願駅として開業した紫波中央駅周辺のきれいに整備された住宅地の住みやすさが評価の高さの背景にあるのだろう。矢巾町も2007年の岩手医科大学の矢巾キャンパス開設以降の住宅・商業施設の開発が評価の高さにつながっていると考えられる。

青森県のランキングを見ると、県庁所在地の青森市が三つのランキングのすべてで5位までにランクインしていない。住みここち1位となったおいらせ町は八戸市と三沢市の間にある街で売り場面積が5万平方メートルを超える規模のイオンモール下田があり、幸福

青森県			
	住みここち	住み続けたい	幸福度
1位	おいらせ町	弘前市	藤崎町
2位	弘前市	平川市	おいらせ町
3位	平川市	南部町	六戸町
4位	八戸市	五所川原市	三沢市
5位	藤崎町	黒石市	弘前市

福島県			
	住みここち	住み続けたい	幸福度
1位	郡山市	桑折町	本宮市
2位	桑折町	須賀川市	矢吹町
3位	須賀川市	いわき市	いわき市
4位	福島市	本宮市	須賀川市
5位	本宮市	伊達市	郡山市

出所：いい部屋ネット　街の住みここちランキング2022

度でも2位となった。住みここち2位は弘前市で、住み続けたい1位、幸福度5位と評価が高かった。

福島県では、住みここち1位は郡山市で、幸福度でも5位に入った。この他、桑折町（住みここち2位、住み続けたい1位）、須賀川市（住みここち3位、住み続けたい2位、幸福度4位）、本宮市（住みここち5位、住み続けたい4位、幸福度1位）、いわき市（住み続けたい3位、幸福度3位）など複数の都市が上位にランクインしている一方、福島市は、住みここち4位にランクインしているだけになっている。

山形県では、山形市の北にあり仙台にも近い東根市と天童市が三つのランキングで

山形県			
	住みここち	住み続けたい	幸福度
1位	東根市	山辺町	山形市
2位	天童市	東根市	天童市
3位	山形市	酒田市	白鷹町
4位	寒河江市	天童市	酒田市
5位	高畠町	高畠町	東根市

出所：いい部屋ネット　街の住みここちランキング2022

5位以内にランクインしており、山形市、酒田市は二つのランキングでランクインしている。秋田県では、秋田市が住みここち1位、住み続けたい2位、幸福度2位と高評価だったが、美郷町と大仙市も三つのランキングすべてで5位以内に入っている。

住みたい街ランキングのような知名度に大きく左右されるランキングとは違い、居住者からの評価の高さを指標にする住みここちランキングでは、決して知名度が高いとはいえない街が上位にランクインすることが分かる。

そして、住み続けたいという気持ちや主観的幸福度という観点では、生活利便性や交通利便性の影響を受けずに評価が高くなっている街もある一方で、住みここちという機能的な視点では、やはりイオンのような郊外型の大型商業施設があることや、新興住宅地の評価が高くなる傾向がある。

こうした新しい発見があるのが、居住者アンケートを基にした調

秋田県			
	住みここち	住み続けたい	幸福度
1位	秋田市	三種町	美郷町
2位	横手市	秋田市	秋田市
3位	美郷町	美郷町	大館市
4位	大仙市	由利本荘市	大仙市
5位	にかほ市	大仙市	横手市

出所：いい部屋ネット　街の住みここちランキング2022

査の特徴である。２拠点居住を含めて住む場所を選ぶ際には、こうしたランキング結果を参考にしてほしい。

コラム

「人生でやりたいこと」はなくていい

筆者は不動産関連の調査・研究に携わるだけでなく、麗澤大学の教授として統計学・コンピューター科学・プログラミングの講義を担当している。最近、学生から「やりたいことが見つからないんです……」という声を聞く。

テレビなどのメディアや書籍などを通じて「やりたいことを探そう」という言説が広がり、「やりたいこと」があるのが当たり前、という社会の雰囲気を感じるようになったことが背景にあるのだろう。では本当に人は「やりたいこと」を見つけているのだろうか。誰もがやりたいことを見つけるべきだ、という認識が広まっていることに違和感を覚えるのは私だけだろうか。

「いい部屋ネット　街の住みここちランキング」には個人の意識や幸福度に関連する設問がある。2021年の全国約18万人分の個票データを分析してみたところ、「今現在、人生でやりたいことがある」という設問に「yes」と回答したのは、24・7%にすぎなかった。やはり、やりたいことがある人は少数派なのだ。性別、年齢別に集計しても大きな変化はなく、60歳以上になると多少比率が上昇するが、それでも30％程度にすぎない。

やりたいことがなくても幸せになれる

「今現在、人生でやりたいことがある」という設問はやや大げさなので、例えば「毎日が幸せに過ごせればよい」とか「給料の高い仕事に就きたい」といった日常的な望みは除外されている可能性が高い。それでも24・7％というのはかなり低いと感じられる。

では、「やりたいこと」の有無と、幸福度に関連性はあるのだろうか。

主観的幸福度（10点満点で平均は6・57）を目的変数として、「やりたいことがある／ない」というダミー変数を加えて分析してみたところ、他の条件が同じ場合、「やりたいことがある」と主観的幸福度が0・125ポイント上昇するという関係にあることが分かった。

この関係性が高いか低いかだが、その他の変数との関係を見てみると、「結婚している」は0・633（ポイント上昇、以下同）、「大卒」は0・264、「未来は明るいと思っている」が0・531、「家族関係は良好だと思う」が0・381、「仕事は順調だと思う」が0・272、それぞれ主観的幸福度を押し上げる関係にある。つまり、これらの回答と比べて、「やりたいことがある」という回答が主観的幸福度を押し上げる効果は小さい。簡単に言えば、「やりたいこと」がなくても、幸せに暮らすことは十分に可能なのだ。

「やりたいことがない」と思い悩むよりも、目の前のことに真摯に取り組み、未来は明るいと信じて家族を大切に思って暮らすほうが幸せになれる、ということをデータは示している。

「自分探し」をあおってはいけないし、あおられてもいけない

では、「やりたいことがある」と回答しているのは、どんな人々なのか。回答者の属性が変化すると、やりたいことがあるという比率がどのように変化するのかを次ページの表にまとめた。

この数値を基に、ロジスティック回帰という手法で分析してみると、興味深い結果が得られた。ロジスティック回帰では、オッズ比という指標が得られるが、これは他の条件が同じとき、その変数がyesの場合に結果が何倍になるかという比率である。

例えば、全体では「やりたいことがある」人の比率が24・7%の場合で、30歳代のオッズ比が1・05の場合、「30歳代でやりたいことがある」人は24・7%×1・05＝25・9%になる、とい

「やりたいことがある」回答者比率の属性による比較

項目	比率	条件						
友達がいる	67.5%	—	○	○	○	○	○	○
SNSを使っている	71.0%	—	○	○	○	○	○	○
性格が前向き	29.0%	—	—	○	○	○	○	○
60歳以上	17.1%	—	—	—	○	○	○	○
リベラル	12.2%	—	—	—	—	○	○	○
年収1000万円以上	10.0%	—	—	—	—	—	○	○
経営者	2.2%	—	—	—	—	—	—	○
やりたいことがある比率		24.7%	32.4%	39.5%	45.5%	54.6%	53.8%	78.6%

出所：いい部屋ネット　街の住みここちランキング2021　個票データから筆者作成

うイメージである（ただし、必ずしもこうした単純計算で結果を正しく推定できるわけではない）。

女性のオッズ比は男性に対して０・94、既婚者のオッズ比は未婚者に対して０・92、子どもありのオッズ比は子どもなしに対して０・91、年齢のオッズ比は20歳代に対して30歳代が１・05、40歳代が１・06、50歳代が１・19、60歳代だと１・39、世帯年収１０００万円以上は１・17、となっている。個人属性で見れば、50歳を超え、世帯年収が１０００万円以上の人は、やりたいことがあるという比率がやや高まる結果になっている。

その他の説明変数を見ると、友達がいる：２・37、ＳＮＳを使っている：２・12、（自分の才能に自信がある、または将来は明るい、と答えた）性格が前向き：1・56、リベラル：1・77、職業が経営者：1・21といったオッズ比が示されている（リベラルかどうかは、「社会にある所得などの格差は、機会が平等であったとしても本人の責任ではないので、できる限り解消されるべきである」という設問に対してyesと回答した場合をリベラルとしている。これは、早稲田大学の豊永郁子教授の、2019年5月16日の朝日新聞に掲載された「（政治季評）貧困は社会的不正義だと思いますか？　政治的立場、分かつテスト」を参考にした）。

「やりたいことがある」人を増やす方向に働く条件をいろいろ加えていくと、「友達がいる」「SNSを使っている」を満たす場合で32・4％、さらに「性格が前向き」を加えると39・5％、「60歳以上」を加えても45・5％にとどまり、半数に満たない。「リベラルである」「年収1000万円以上」を加えても53・8％と半数を少し超えた程度だ。

ところが、これに「経営者」という属性を加えると、78・6％に跳ね上がる。

この結果から、以下のような仮説を立てることができる。「やりたいことを見つけよう！」「やりたいことは、ちゅうちょせず全部やろう！」と無邪気に語り、「なぜやりたいことが見つからないの？　きっと見つかるよ」と悪気なく言っているのは、経営者として成功し、ビジョンを掲げ、メディアでリベラルな意見を表明している少数のキラキラした人たちではないだろうか、と。

確かにそうした人たちは、やりたいことがある同じような属性の人たちや、同じような興味関心を持つ人たちに囲まれていることがエコーチェンバー効果につながって、「やりたいことを持つべきだ」という考え方に疑問を持たないのかもしれない。もちろん、そうした人たちにとって、「やりたいことがある」ことが起業を成功させ、社会を変えてきた原動力になったのは間違いなく、それは称賛されるべきことだ。ただ、その一部の人たちの思想をすべての人が持つべき考え方のように広めることには疑問を持ちたい。

現実の社会では4人のうち3人が「やりたいことがない」人であり、かといって不幸なわけではない。前述したように、幸せに暮らすためには「やりたいことがある」以外の要素のほうが影響は大きい。ダイバーシティーという観点から見ても、「やりたいことがある」人と、「やりたいことがない」人の両方が等しく存在していてなんら不思議はない。

読者の中には、大企業で重要な役職に就いている方もいると思うが、あなたの今の姿は、若い頃から思っていた「人生でやりたいこと」が結実したものだろうか。

すでに一定の社会的地位にある人たちは、これから社会を支えていく若者に対して〝自分探し〟をあおってはいけないし、若者はいたずらにあおられないようにすべきだろう。

第6章

持ち家は将来どうすべきか

持ち家の住み替え 元の家は売るべきか、貸すべきか

賃貸住宅の場合には、高齢になるとなかなか貸してもらえなくなるという問題があるが、基本的に住み替えの自由度は高い。一方、持ち家の場合には、住み替え先が賃貸であろうと、新たに購入するのであろうと、現在の持ち家を売るべきか、貸すべきか、という問題に直面する。

家族が増えた、逆に子どもが独立した、親の介護のために同居を決めた……、様々な理由でせっかく手に入れた持ち家から住み替えざるを得ないケースがある。そんなとき、元の家を売るべきかどうか、決断を迫られることになる。

国土交通省住宅局の「令和3年度（2021年度）住宅市場動向調査報告書」（令和4年3月）によれば、分譲住宅を2回目以降に取得した場合（これを「二次取得者」という）、住み替え前が戸建て住宅だった場合は63・2%、住み替え前が集合住宅（マンション）だった場合は80・3%が売却している。どうやら、持ち家から住み替えるときは、元の家を売ってしまうケー

スが多いのが現状のようだが、実は正解ではない。「元の家を売らず、貸せるなら貸す」というのも重要な選択肢である。

売却せず貸すことが正解の場合も多い

第2章で「住宅ローンは強制積み立ての個人年金」であり「お金を借りることも個人の才能の一つ」と書いた。「お金を借りる」という個人の才能を最大限に生かすなら、もし次の住まいの住宅ローンを銀行が貸してくれるのであれば、住み替え前の家を売却する必要はないというシンプルな話だ。

もちろん、次の家を購入するときに新たな住宅ローンを銀行が貸してくれるかどうかは個人の資産や所得の状況、年齢などによって異なるが、そもそも、元の家を売却しないことを前提にした資金計画を考えるケースはまれなのではないだろうか。

しかしデータを見れば、必ずしも元の家を売却せずとも新たな住宅ローンを借りられる可能性が一定程度あることが分かる。

前出の住宅市場動向調査のデータによると、分譲マンションでは二次取得者の平均年齢は56・

7歳で、半数強が60歳未満、約3割が50歳未満となっている。世帯年収も平均1086万円と1000万円を超えており、過半数の世帯の年収が1000万円超だ。共働き世帯なら、世帯年収1000万円というのは特殊な事例ではない。

そして、総務省統計局の「2021年家計調査」によれば、2人以上の世帯のうち、勤労者世帯で世帯年収982万円以上（平均年収1311万円）の貯蓄現在高は2664万円となっている。当然だが、世帯年収が1000万円を超えてくると貯蓄額もかなり多くなっており、その蓄えを使えば、次の家の住宅ローンを組む際の頭金は確保できるだろう。

また、元の家を売却せずに賃貸に出した場合、家賃収入で月々の住宅ローンの支払いと管理費・共益費、固定資産税や賃貸管理の委託料を賄える場合が多い。だとすれば、放っておいても毎月借入金が減っていき、資産が自動的に増えていくことになる。持ち家を貸すのは、比較的リスクの低い投資でもあるのだ。

ただし、注意しておく点がある。それは、元の家の住宅ローンを借りている銀行に「家を貸すことにしました」と申告することだ。

住宅ローンは、自分と家族が住むことを前提に審査が行われ、一般的なローンよりも金利は低く、住宅ローン減税の恩恵も受けられる。そのため、自ら住むことを前提とした住宅ローンのままで他人に貸すことは契約違反であり、最悪の場合は、一括返済を求められる。きちんと銀行に申告すれば、金利の見直し（上乗せ）で対応してくれることが多い。上がった金利を適用しても、家賃収入で住宅ローンの返済などが賄えるなら貸せばいい。

持ち家を売却してしまうのが正解の場合とは

一方、売却を選択すべきケースもある。一つは、家賃収入で住宅ローンの返済などが賄えない場合だ。賃貸収入でどの程度キャッシュフローのプラスが必要かについては様々な計算方法があり、ここでは詳細には触れないが、住宅ローンの返済に加えて固定資産税や管理委託費などを支払った後に、最低でも家賃収入の1割程度、できれば2割が残ってほしいところだ。

もう一つは、売却予想価格が住宅ローン残高を下回っている場合だ。日本は長年の経済の停滞と異次元緩和といわれる金融抑圧政策によりインフレが起きず、不動産価格も都心のマンションなどを除けば、現状維持か緩やかな下落傾向が続いてきた。そのため家の資産価値も緩やかに下がっているケースがある。住宅ローン残高を下回るほど、すなわち担保割れになっているということは、世の中の水準以上のスピードで資産価値が下落していることになる。そういったケースでは今後もその含み損が拡大していく可能性が高い。

資産価値が大きく下落しているということは家賃水準も緩やかに下落していくことを強く示唆しており、借り手を安定して見つけ続けることは難しい可能性がある。借り手が見つからなければ、住宅ローンの返済で家計に大きな負担をかけることになるため、売却して損切りすることも検討すべきだろう。

現実には、こうした担保割れの状態であっても、銀行が一括返済を求めるケースはほとんどないようだが、担保物件の価値までしか返済義務を負わないノンリコースローンは日本ではほとんど普及しておらず、物件の売却損は所有者が負うことになる。

不動産保有と家賃収入はインフレにも強い

もちろん、今までの話は経済合理性を優先した話であり、お金を借りること自体に不安感が強く、気になって仕方がないなら売却を選択することを否定するものではない。

ただ、家を担保に借りているお金を使ってしまうことは少ないだろうが、いざ売ってしまって現預金になれば、意外と使ってしまうものだ。

さらにインフレになれば、現預金の価値はどんどん目減りしていくが、株や不動産、金などはインフレに強いといわれている。家賃もインフレ時にはどんどん上がっていくが、持ち家の場合は価格上昇に比べて金利上昇が遅れる傾向があることから、住んでいても、貸していても有利に運用できる可能性がある。

有利な資産運用の機会をみすみす見逃すのは得策ではない。持ち家から住み替えるときには、売却だけでなく貸すことも選択肢に入れるべきなのだ。

持ち家は子どもに残すべきか、残さざるべきか

もはや日本の不動産は「負動産」である、という指摘がある。しかし、売ることも貸すこともできず、固定資産税や管理の負担が続く「負動産」は一部の限られた人口減少地域での話であり、

それが一気に全国へ広まるわけではない。

にもかかわらず、子どもの相続時の負担を考えて、動ける間に高齢者向け賃貸住宅などに移り住み、持ち家を処分しておいたほうがよいという言説があるのはなぜだろうか。この項では、持ち家を子どもに残すべきか否かについて考えてみたい。


厚生労働省の令和3年（2021年）人口動態調査によれば、死亡者数は143万9809人と前年よりも増加した。そのうち85歳以上が50・3％、70歳以上が86・4％を占める。亡くなっているのは40〜50歳代の親世代、20〜30歳代から見れば祖父母世代である。一方の出生数は、死亡数の6割弱の81万1604人にとどまる。つまり1年間で約63万人の人口減少であり、これは鳥取県の全人口約54万人よりも多い。

そのため、地方や郊外では本格的な家余り時代が来る可能性が高く、高齢者世代が子どもたちに持ち家を残すべきか、残さざるべきかが議論になっている。子どもの相続時の負担を考えて、動ける間に高齢者向け賃貸住宅などに移り住み、持ち家を処分しておいたほうがいいという言説もある。

結論からいえば、そもそもの問いが間違っている。家を残すべきかどうかの議論にはあまり意味がない。残すべきかどうかではなく、結果的に残った家をどうするかという問題があるだけなのだ。

家は残すためではなく、住むためにある

持ち家か賃貸かの議論でも、持ち家は資産として有利か不利かという経済合理性の視点で語られることが多い。持ち家を残すべきか、残さざるべきかという議論も、資産性や相続時の手間が議論の中心になっている。そのため、自分が死んだあとの自宅が売るに売れず、貸そうにも借りてくれる人が見つからず、固定資産税や管理の負担を子どもにかけるくらいなら処分してしまったほうがいいと考える人がいても不思議ではない。

しかし持ち家とは、子どもが相続する資産であるという以前に、最も重要な機能は今そこにあなたが住んでいるという点にある。そして、住むという観点では、高齢時に家賃を気にせず、住み慣れた家に住み続けられるという価値は非常に大きい。

家の価値には、金銭的な「資産価値」だけではなく、住むという「機能価値」、そこで暮らしてきたという「情緒価値」の三つの価値がある。多くの高齢者にとっては、金銭的に困窮し家を

年齢別持ち家率の変化

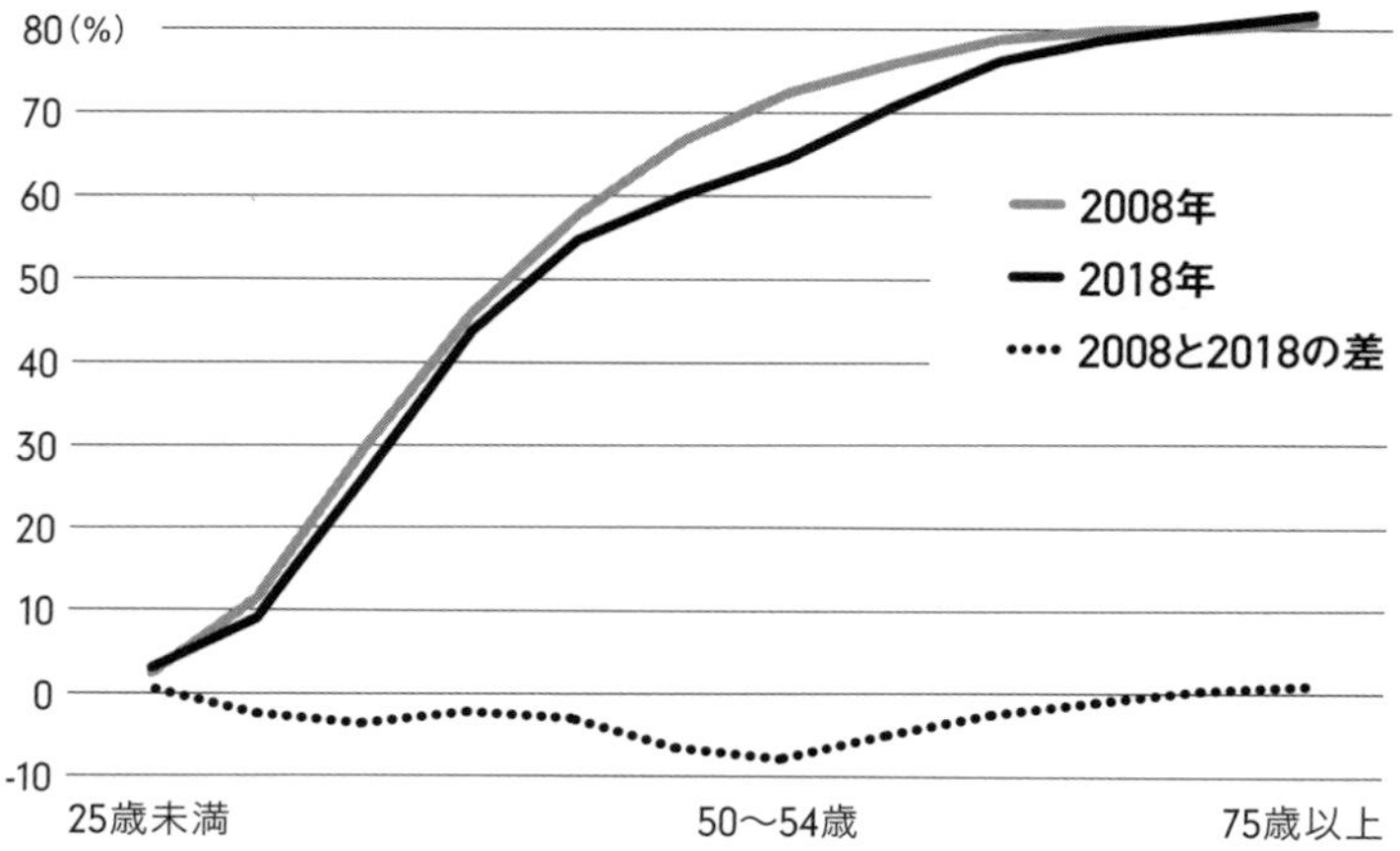

出所：住宅・土地統計調査から筆者作成

売らなければならない場合を除けば、資産価値にあまり大きな意味はない。心情的にはずっと暮らしてきた家という「情緒価値」が最も大きいだろう。

古い住みにくい家に高齢者が住み続けている大きな理由は、そこで人生を過ごしたという「情緒価値」なのだ。

では、子ども世代から見た親の持ち家はどのような意味を持つだろうか。

婚姻率が低下しつづけ、生涯未婚率が上昇しつづけていることから、中年世代の持ち家率は低下している。2018年と2008年の住宅・土地統計調査から年齢別持ち家率を計算してみると、2008年と比べて40歳以降の持ち家率が低下しはじめ、

50～54歳では2008年よりも約8％も低い64・5％となっている。

賃貸暮らしの40歳以上の世帯からすれば、親世代が残してくれた持ち家に移り住むメリットは大きいだろう。特に60歳を超えて年金生活となった場合に、親が残してくれた持ち家に移り住むことで住居費負担がほぼゼロになることは経済的にも大きい。

こうした場合には、家の資産価値や情緒価値を別としても、非常に低いコストで住むことができる家、すなわち機能価値を残すことは、子どもが安心して暮らせる環境を残す、という意味がある。

残された家に対する三つの対応方法

仮に子ども世代に持ち家があっても、心配する必要はない。資産価値があれば相続すればよく、家を売って現金で残すよりも相続税の評価額は低く抑えられる（小規模宅地なら評価額はさらに下がる）。

一方、残された持ち家に資産価値がなければ、二つの選択肢がある。

残された現預金もなければ相続放棄を選ぶことで、相続人の金銭的な負担は発生しない。これは相続人全員が合意する必要はなく、一人ひとりが判断できる。

もし、現預金などだけを相続し、不動産は不要なのであれば、「相続土地国庫帰属制度」を使う方法がある。建物を自費で取り壊し、土壌汚染や崖などがない、権利関係に争いがない、担保権などが設定されていない、といった条件を満たせば、審査手数料と10年分の土地管理費相当額の負担金（市街地の200平方メートル程度の宅地なら80万円程度）を支払えばいい。解体費用を考慮すると、相続したい現預金などがおおむね300万円以上あれば、相続放棄よりもこちらの制度が有利になる可能性がある。

結局、高齢者世代は「持ち家をどう残しても、子どもたちに迷惑をかけるかもしれない」と悩む必要はない。今の家でどう幸せに暮らすのかだけを考えればよいのだ。

また、あまり一般化していないが「リロケーションダメージ」という用語がある。「それまで暮らしてきた物的・人的環境から離れた、新たな環境での生活によって引き起こされる身体的・精神的・社会的な痛手」のことで、姫路獨協大学看護学部教授の赤星成子氏らが、高齢時に引っ越すことは理由のいかんを問わず、少なくない精神的側面、社会的側面、身体的側面のダメージを与えることを指摘している。

そのなかには、良かれと思って子どもが親を都会に呼び寄せることや、介護施設への入所といったことも含まれている。そのため、もし高齢時に引っ越すとしても、持ち家を売ったりせずに、リロケーションダメージが大きいときには元に戻れるようにしておくべきだろう。多少の介護を受けるとしても、暮らせるうちはできるだけ住み慣れた家に住み続けることが、心身の健康を維持し幸せに暮らすことにつながる。

高齢者施設などに入居してもう家には戻らないことになっても、持ち家を処分すべきかどうかは判断が分かれよう。高齢者施設に入居しようかという年齢で本人に十分な思考能力が残っているとは考えにくい。子ども世代にも、親が死ぬまで住み慣れた家はそのままにしておいてあげたいという気持ちを持つ人も多い。

家は経済合理性だけでは語れない。家を子どもに残すかどうか、ということよりも、この家でどう幸せに暮らすか、を考えるべきだ。

リースバックを安易に使うと、持ち家を失う可能性も

2018年の住宅・土地統計調査によれば65歳以上の高齢者世帯の持ち家率は80・6％と非常に高い一方で、2019年の国民生活基礎調査によれば65歳以上の高齢者世帯の平均世帯年収は約312万円と、全世帯平均の約552万円よりも低く、児童のいる世帯の約745万円の半分にも満たない。このため高齢者の所得の不足を、持ち家を使って補う金融サービスとして、リースバック、リバースモーゲージ、不動産担保ローンがある。この項では、混同しがちなこの三つの違いとリスクについて解説する。

2022年6月24日、国土交通省は「住宅のリースバックに関するガイドブック」を公表した。リースバックは、リースバック事業者に持ち家を売却し、持ち家だった家に新たに賃料を支払うことで住み続けられるシンプルな仕組みだ。にもかかわらず、国交省が2021年12月から「消

費者向けリースバックガイドブック策定に係る検討会」を開催したのは、消費者とリースバック事業者間でのトラブルが多かったことが背景にある。

独立行政法人国民生活センターが2021年6月24日に出した報道発表資料「高齢者の自宅の売却トラブルに注意―自宅の売却契約はクーリング・オフできません！内容をよくわからないまま、安易に契約しないでください―」では、年間600件前後の相談が国民生活センターと全国の消費生活センターなどに寄せられているとされ、以下のような記載がある。

- リースバック契約では、自宅の売却価格が物件相場に比べて低くなることがあります。
- 賃貸借契約の期間（数年間）を定められる場合が多く、そのままずっと住み続けられる保証はありません。
- 賃貸借契約の家賃が相場より高額に設定されてしまうことがあります。また、契約更新時に家賃を値上げされることも考えられます。

これらの記載を見れば、リースバックには一定のリスクがあることが分かる。売却価格と賃料などを試算してみよう。

例えば評価額5000万円の持ち家が8割の4000万円で売却できたとする（前記の国民生活センター資料に基づき、相場より安いと仮置きした。これより高い金額で売却できる可能性もある）。もともとの評価額である5000万円の約5％の利回り賃料である月額20万円で借りると、17年もたたないうちに4000万円が賃料だけで消えてしまう。

仮に売却価格4000万円のうち半分を生活費などに充てたとすると、残りの2000万円で賃料が払えるのは、8年強になる。つまり8年後に蓄えが尽き、月20万円の賃料が払えなければ、住み慣れた家を出ていくしかない。

厚生労働省が毎年発表している簡易生命表の令和3年（2021年）版によれば、65歳時点の男性の平均余命は約20年、60歳時点の女性の平均余命は約29年となっている。平均余命を考えると、リースバックでは、存命中にリースバックした賃料を払えなくなるリスクが低いとは言えない。

リバースモーゲージは低リスクだが、対象物件は限定的

では、似たような名称のリバースモーゲージはどうだろうか。

リバースモーゲージは、持ち家である自宅を担保にお金を借りる仕組みであり、毎月の生活費に使える使途自由な資金を借り入れ、元本の返済は行わず金利のみ支払い、契約者の死亡時に担保となっていた持ち家を売却して清算する。

契約者の死亡時には、相続人は借入金を全額返済しなければ担保となっていた自宅を相続することができないため、推定相続人の同意を得る必要があるなど、煩雑な手続きが必要となるのが一般的だ。また借り入れ可能な金額も、自宅の評価額の6割程度であることが多い。それは、資金の貸し付けが長期にわたることが多いため、将来の不動産価値の下落などを見込んでいるためである。

自宅を担保に借りた資金の受け取り方法には、毎月定額を受け取る方式、一括で受け取る方式、極度額を決めて必要に応じて受け取る方式があり、契約期間は契約者が死亡するまでの終身とする場合が多い。

借り入れと金利などを試算すると、例えば評価額5000万円の持ち家の6割を借りられれば3000万円。年3％の金利なら支払利息は毎月7万5000円となり、少ない負担ではない。借り入れた3000万円を20年で割ると月々12万5000円であり、実際に使えるのは月5万円ということになる。

前述の試算例で65歳で借り入れをしたとすると、86歳以降は借り入れた資金が底を突くため、月7万5000円の金利を支払うための原資を別途確保する必要がある。また、金利が上昇すればそれだけ資金が枯渇するのも早くなる。終身で契約した場合は、金利さえ払っていれば担保となった自宅に住み続けることができるため、リスクは比較的低いと言えるが、それでも金利が支払えなくなれば、自宅を売却して退去しなければならない。

また、リバースモーゲージは全国どこでもどんな建物でも使えるというわけではなく、比較的地価の安定している都市部の資産価値の高い戸建て住宅でしか使えない場合が多い。

リバースモーゲージやリースバックよりももっとシンプルな、自宅を担保にお金を借りる仕組みとして不動産担保ローンがある。しかし金利は高く、評価額の半分程度しか借りられないことが多い。しかも元本返済も必要で、普通の高齢者世帯にとっては資金調達の選択肢にならないだろう。

そもそも不動産担保ローンは、自営業者や中小企業の経営者などが、事業の運転資金などを調達するために使われることが多く、一般の高齢者が日々の生活費を調達するための一般的な方法ではない。

それでも試算するとすれば、評価額5000万円の自宅を担保に、評価額の6割に当たる30

リースバック・リバースモーゲージ・不動産担保ローンの試算

評価額5000万円の持ち家があった場合			
	リースバック	リバースモーゲージ	不動産担保ローン
金利（リースバックは賃料利回り）	5%	3%	5%
得られる老後資金	4000万円（評価額の8割）	3000万円（評価額の6割）	3000万円（評価額の6割）
月々の負担額	家賃20万円	支払い利息7万5000円	返済額約32万円
資金が底を尽くまでの期間	約17年	約33年	約8年

出所：各種資料から筆者作成　リースバックについては、評価額より低い金額でしか買い取ってもらえないということではないが、国民生活センターの資料に「物件相場に比べて低くなることがあります」という記載があることから、評価額の8割と仮置きして算出した。その他の数値は筆者の経験上、妥当と思われる水準を仮置きしている

00万円を借入期間10年、金利年5％で借りると、毎月返済額は約32万円。生活費に使わなくても、8年弱で借りた資金が底を突くことになる。

リースバック、リバースモーゲージ、不動産担保ローンのいずれも、仕組み上は自宅に住み続けられる。高齢者の場合には、住み慣れた地域、住み慣れた家に住み続けながら、老後の資金を確保したいというニーズが強いと思われるが、リスクが比較的低いリバースモーゲージでも、金利が払えなくなれば住み慣れた自宅から退去しなければならない。

そして、老後の資金が足りないことは不安だろうが、お金を借りて返していくこと

や、自宅の売却で資金は手に入れても毎月の賃料を払えるように気を配ることは、想像以上に心理的な負担を大きくする可能性がある。

自宅を活用して老後の資金を捻出するには

高齢者の持ち家は、ローンが終わっていれば、つつましく暮らしていても、住むところはあるという安心感をもたらす効果が大きい。であれば、老後資金を確保したい場合には、自宅を適正価格で売却し、売却価格よりも安い家に買い替え、その差額を老後資金とすることを選択肢に入れるべきだ。そのほうが心理的負担感は小さくなる可能性がある。

もちろん、全国どこでもそれが可能とは限らないが、都市部であれば戸建てを売却して、小さな中古マンションに移り住むことで、資金を確保できることも多い。そして、そうした状況について、子どもたちを含めた親族に相談できるような関係を日ごろからつくっておくのがいいだろう。相続を含めて考えれば、高齢者の老後資金は本人だけの問題ではないからである。

第6章 持ち家は将来どうすべきか

コラム

「空き家問題」は問題ではない

日本には空き家があふれていて大変だ……。こんな報道を目にすることがある。その際によく使われるのは、総務省統計局が公表している「住宅・土地統計調査（以下、住調）」の数値だ。この調査は5年ごとに行われており、2018年の調査では、全国の総住宅数約6241万戸のうち約849万戸、実に13・6％が空き家とされている。人口が集中している東京都でも、総住宅数約767万戸のうち、10％を超える80万戸以上が空き家だという。

しかし、首都圏など大都市に住む読者の方は少し考えてみてほしい。住んでいるマンションで10戸に1戸が空き家になっているだろうか？　戸建てに住んでいる人なら、近所の10軒に1軒が空き家だと実感できているだろうか？

自治体の調査では、空き家率は住調の半分以下

空き家率について、実は住調と全く異なる調査結果も存在している。全国数百の自治体が独自に調査している空き家実態調査報告だ。東京都の数値は以下のようになっている。

・東京都豊島区（2012年）：空き家率1・6％（2008年住調では12・9％）
・東京都北区（2011年）：空き家率5・6％（2008年住調では10・3％）
・東京都杉並区（2013年）：空き家率0・37％（ただし、アパート等では全戸空き室の場合。2008年住調の戸建て空き家率は5・8％）
・東京都三鷹市（2013年）：空き家率2・15％（ただし、集合住宅は除外。2008年住調の戸建て空き家率は5・3％）
・東京都青梅市（2013年）：空き家率3・4％（ただし、アパート等では全戸空き室の場合。2008年住調の戸建て空き家率は5・2％）

いずれも同時期の住調と比べると、かなり低い値にとどまっている。これらの空き家実態調査は2011～2013年と調査時期が少し古いが、最近の調査でも傾向は変わらない。例えば、三鷹市の2018年空き家実態調査の結果では、空き家率は2・08％と、2013年の2・15％

よりも下がっている。また、2018年の東京都世田谷区の「空家等実態調査報告書」には、空き家数はわずか966棟と記載されている。共同住宅は全戸が空き室の場合のみカウントしているので、これは事実上戸建て住宅の空き家数となる。世田谷区の戸建てはおよそ11万3000戸なので、空き家率は0・85%ということになる。これに対して、同じ2018年の住調では、世田谷区の空き家が5万戸もあることになっている。

どうしてここまで大きな差が出てしまうのだろうか。そして、どちらの数値が正確な状況を示しているのだろうか。紹介した二つの調査結果に加えて、国土交通省が5年ごとに行う「空家実態調査」（2019年からは「空き家所有者実態調査」）のデータを比較検討してみると、全国に800万戸もの空き家が存在する可能性はほぼないという結論になる。

空き家は〝見た目〟で判断していた!?

住調の空き家数が過大だと考えられる理由は、その調査方法にある。

住調の報告書では「空き家などの居住世帯のない住宅については、調査員が外観等から判断することにより、調査項目の一部について調査した」とされており、曖昧な判断基準によって空き家がカウントされている可能性が高い。実際、都心のタワーマンションなどではオートロックで中に入ることができず、外観から空き家かどうかを判断できるとは思えない。

国交省の空家実態調査は調査年度によって調査内容がかなり異なるものの、空き家率についてはの2009年の調査が詳しい。このときは住調の空き家率を基に「このくらいの空き家が発見され、このくらいの調査票が回収できるだろう」という予測を立てて実施された。ところが報告書には、以下のような問題が生じたと記載されている。

・現地調査開始後に空き家を発見できない調査区があるとの報告を調査員から受けた。出向いた調査区（調査対象）は887調査区であったが、325調査区で空き家を発見できなかった。

・予測では、発見が予定され外観調査が可能な空き家は約2700件、所有者調査である空家実態調査票の予定回収数は約1200件であった。しかし、実際には外観調査票の回収数（調査員が空き家と確認した数）は880件、所有者に対する空家実態調査は510件という結果に終わり、発見数は予想より著しく小さい値となった。

・外観上明らかに空き家と判断できる住宅が少なかった。二次的住宅（別荘など普段は人が居住していない家）などは外観から判断できなかった。集合住宅の空き家は外観からは確認できず、オートロックが多く中に入れなかった。

つまり、あると思われた空き家が見つからず、その原因として住調の調査方法である外観からでは空き家かどうかが判断できないケースが多かったと明確に記載している。

その次の2014年の空家実態調査には、「調査を実施した戸建て空き家等については、調査時点で人が住んでいると回答したものは31・3%、人が住んでいないと回答したものは65・0%となっている」という記述もある。住調で空き家と判断された対象の3割は、実際には人が住んでいたわけだ。

しかし、住調はそもそも空き家の把握を主目的としたものではないし、調査の継続性を重視しているため、時代に合わせて調査方法を変更することが難しい。そのことを理解した上でデータを取り扱うべきだが、メディアなどでは空き家の数値だけが一人歩きしている。そして残念なことに、理由はよく分からないが、多くの自治体の空き家実態調査報告書では住調のような空き家率を明示しておらず、住調との差異についての言及もほとんどない。そのため、空き家問題が実はそれほど深刻ではないかもしれないことに気づきにくくなっている。

空き家が増えると不動産価格や家賃に悪影響を及ぼすのか

多くの人にとっては、空き家が今後も増え続けるといわれていることで、家賃や不動産価格はどのくらい下がるのか、そして家を買うべきなのか否かというのが最大の関心事だろう。空き家率と不動産価格、家賃の関係について筆者が分析した結果は以下のようなものだ。

・中古マンションの価格は、空き家率が10％上がった場合、おおよそ1～2％程度下がる地域が多い。ただし中古マンション価格は景気や金利の影響のほうが大きく、空き家率自体が与える影響はかなり小さい。

・賃貸物件の家賃は、空き家率が10％上がった場合、最大で約12・5％下がるケースもあったが、おおよそ0・5～1・3％程度の低下にとどまる。

あくまでも過去のデータを用いた分析結果だが、たとえ空き家率が今後10％程度上がったとしても、家賃や中古マンション価格は大きくは変動しない。すなわち空き家の増加は不動産価格・家賃の暴落にはつながらないというのが筆者の見立てだ。

空き家の放置が周辺の環境に悪影響を与えるとされる点についても指摘をしておきたい。空き家問題としてよく語られるのは、「倒壊の恐れがある」「雑草が生い茂っている」「景観を阻害している」「不審者の出入りなど治安を悪化させている」といった、周囲に与える悪影響である。ただし、これは空き家だからというわけではない。テレビなどで取り上げられるゴミ屋敷は、実際には空き家ではなく人が住んでいる場合がほとんどだ。筆者の別の調査によれば、実際に空き家があって迷惑していると感じている人の割合は相当低い。それ以前に、近所に空き家があるという認識すら、都市部では2~3割、地方でも半数程度しかない。空き家が周囲に与える悪影響はそれほど深刻ではない。

実は空き家は増えていない。その理由とは

2018年の住調が発表される前は、空き家は1000万戸を超えるだろう、と予想する人も多かったようだが、実際には2013年の空き家総数約820万戸から2018年の空き家総数は849万戸と約29万戸、住宅総数6241万戸に対してわずか0・46%増加したにすぎなかった。

2023年10月現在は最新の住調の調査が行われており、2024年4月には最新の空き家数・空き家率が発表される予定だが、筆者は今回の調査でも地域別では空き家数が減少している場合が多く、全国でみても空き家はほとんど増えないか、減少するのではないかと予想している。

その理由は二つある。

一つは、新築着工が建て替えにシフトしていることだ。2016年から2020年の5年間に全国で約460万戸が着工されているが、2015年から2020年で世帯数は227万世帯増加しており、新築着工の半数程度は世帯数増加に対応している。そして、新築着工の多くは都市部で行われる。当たり前だが都市部では純粋な新築を建てるような更地はなく、古い建物を壊して新築を建てる、つまり建て替えだ。

建て替えといっても土地の所有者が同じ場合の建て替えだけではなく、土地を開発業者が買い取って、マンションを建てたり戸建て分譲で販売したりすることも多い。

建て替えについては正確なデータがないため（国交省でも調査を行っているが、戸建てを売却して開発業者が分譲した場合等は把握できていない）、業界関係者に聞くと半数以上はなんらかの形での建て替えだろう、という声が多い。

このように新築着工はそのまま総住宅数の純増につながるわけではなく、世帯数の増加と建て替え比率を考えれば、空き家総数があまり増えないことは不思議ではない。

もう一つの理由は、地方の古い戸建て住宅の滅失が進んでいることだ。ただし、この滅失は空き家対策法といった政策によるものではなく個人のモラルに依存している。

2015年に施行された「空き家等対策の推進に関する特別措置法（空き家対策特措法）」に基づく措置は、国土交通省の2020年4月の発表資料によれば、代執行は全国で196件にすぎない。代執行以外では、助言・指導が1万7026件、勧告が1050件、命令が131件となっている。

近隣に迷惑をかける可能性が高いと認定された「特定空き家等」で除却に至った件数は7552件と少数で、認定前に所有者等により除却された件数が最も多く、約7万7000件に上っている。少なくともこの7万7000件は個人のモラルによって滅失されたことになる。

ちなみに特定空き家等は全国で約1万6000件となっているが、2018年住調の住宅総戸数6240万7000戸に対する比率はわずか0・026％にすぎない。空き家はそのすべてが近隣に迷惑をかけているような状態ではない。実害のある空き家の数は極めて少ないのだ。

詳しくは筆者も執筆に参加した『都市の老い』という書籍を参照してほしいが、筆者の研究では2013年から2018年の5年間で世帯数も住宅総数も増加した自治体は804（全体の64・

9％）と多いのに対して、世帯数が減っているのに住宅総数が増えた自治体は85（同6・9％）と非常に少なく、世帯数が増えているが住宅総数が減少している自治体が226（同18・3％）、世帯数も住宅総数も減少した自治体が123（同9・9％）、二つを合わせると住宅総数が減少している自治体数は349（同28・2％）と集計対象自治体の約4分の1を占める。

住宅総数が減少している、ということは住宅が滅失され始めていることを示している。日本では既に人口減少地域で住宅が減る時代を迎えているのだ。

空き家率は公営住宅の滅失でコントロールできる

空き家数が過大に算出されている可能性が高いとしても、今後世帯数が減少していけば空き家が増加することは避けられない。このとき、人々の引っ越しに支障がでないような適正空き家率をどの程度にすべきか、というのは今後の研究課題になるだろう。引っ越しをするときには一時的に二つの家を確保しておく必要があるため、空き家が無ければ引っ越しが難しくなるからだ。

では、空き家率をコントロールする方法はあるのだろうか。その答えの一つは公営住宅の滅失にある。

前述したように、地方の人口減少地域では、旧耐震基準で品質的に住むことが難しいような古い戸建て住宅の滅失が進んでいる。旧耐震物件の比率を住調で調べてみると民営借家の木造は1998年の56・2％から2018年には19・8％に、非木造は19・4％から8・0％に減少しており、建て替えが進んでいる。しかし公営住宅では同じ期間で67・5％から46・3％とあまり減少していない。もちろん必要な耐震補強等は行われているが、広さや設備の古さはいかんともしがたい。

こうした古い公営住宅は、世帯数の減少している地域では、建て替えを行わず滅失すればいい。今後の公営住宅は、民間賃貸住宅を借り上げることで建て替えコストと管理コストを削減すると同時に、地域の空き家率をコントロールしていく、という運営方法が考えられる。公営住宅を民間に委ねるという事例は東日本大震災の時に実証済みであり、小規模な自治体が少数の職員で公営住宅を運営するという非効率さと負担の大きさも解消できる。

実際の空き家はどのくらいか

公的調査の空き家率としては、国交省が2009年に実施した「空家実態調査」の数値があり、東京都（市区）の空き家率は3・1%と推定されている。前述したように、自治体が行った空き家実態調査もあり、東京都豊島区が1・6%（2012年）、東京都三鷹市が2・15%（2013年）、石川県小松市が3・6%（2012年）といった空き家率が報告されている。

民間でも空き家率の調査は行われており、財団法人日本賃貸住宅管理協会が発表している「日管協短観」では、会員からの回答を集計した結果、2020年上期の賃貸住宅の入居率を首都圏：95・7%、関西圏：97・2%、その他地域：92・6%、全国：95・7%と発表している。また、一般社団法人不動産証券化協会が毎月発表している不動産投資信託（REIT）物件の2020年8月末の賃貸住宅稼働率は、東京圏：97・5%、大阪市：96・7%、名古屋市：96・2%、福岡市：92・6%だった。

つまり、民間調査の賃貸住宅の空き家率はすべて10%未満であり、その多くは5%程度だ。これは、住調の賃貸住宅の空き家率18・5%（2018年）よりも大幅に低い。

正確な空き家率を算出するのは難しいが、集合住宅や賃貸物件が多い大都市圏ほど、外観で判断する住調の空き家率と実際との乖離《かいり》が大きいと考えるべきで、2018年の住調で示された東京都で10・6%という空室率は高すぎる。筆者が不動産ポータルサイトSUUMOの掲載情報を基に試算した賃貸住宅の空き家率や各種の調査結果を考慮すれば、高くても5%程度だろう。そして5％程度の空き家率は、諸外国と比較しても問題になるレベルではない。

「増える空き家を地方創生に」は安易な考え方

近年は空き家を地方創生に役立てようという動きもあるようだ。コロナ禍による地方移住のトレンドを捉え、空き家を利活用して街のにぎわいを取り戻そう、人を呼び込もうという話だが、この考えは少し安易すぎないだろうか、と指摘しておきたい。空き家が多くなったから街が寂れたのではなく、街が寂れたから空き家が増えた。空き家は「結果」であって「原因」ではない。空き家対策ばかりに目を向けるのではなく、街そのものの魅力やにぎわいを取り戻さなければ、持続性のある地域活性化にはつながらない。

そして地方の空き家の利活用事例の多くがいわゆる古民家であり、普通の築古物件の利活用ではないことにも注意が必要だ。古民家のような一種の文化財の保存と、単なる古家の利活用は区別するべきだ。普通に考えれば、人口減少地域で長い間人々の生活を支えてきて役割を終えた、そのほとんどが旧耐震基準の古家の多くは、取り壊すこと以外の解決策はおそらくない。

ここ数年、空き家率の数字が独り歩きし、「空き家が社会問題である」ということが常識となった。しかし実際には、空き家が引き起こしている問題の個別事例が、人口減少の流れと結びつけることによって安易に一般化されていることが少なくない。

諸外国の例を見ると、空き家率が5％程度では社会的な問題にはなっていない。そのため、差し迫った社会問題は空き家対策なのか、それとも世帯数増加に対して不足している都市部の住宅供給を促進することなのか、データをひもとき、科学的に正しく認識するということが極めて重要だろう。

人口が減少し、財政余力も無くなっている現状では、すべての政策を実行することは不可能で、政策に優先順位を付けることが必要だ。そのとき、空き家対策に資金と人的資源を投入するのか、例えば将来を担う子どもたちへ資源を振り向けるのか、の答えは自明だろう。このような視点からも空き家問題を考えてみてほしい。

あとがき

本書の内容は日経ビジネス電子版の連載を元にしているが、実は連載中、いつ炎上するかとヒヤヒヤしていた。

その理由は、いかにデータの裏付けがあると主張しても、一部の人たちには確実に反感を買う内容であろうことを意識していたからだ。

しかし、心配は杞憂《きゆう》に終わった。たまに辛辣なコメントが書き込まれることもあったが（日経ビジネス電子版では読者が自由にコメントを書き込める）、連載は特に炎上することはなく、読者数もそれなりにあったと聞く。

そして、辛辣なコメントがあったとしても、連載のうちかなり多くの記事に対して、「役に立った」という投票が半数を超えている。

これは、本書がテーマにした、世の中で常識だと思われていること、もっともらしくいわれていることが、実は一部の声の大きな人たちの主張である可能性を示唆している。

いわゆるサイレント・マジョリティーとノイジー・マイノリティーの関係だ。

そして、本書で書き切れなかったのは、まさに炎上するかもしれない、という研究成果だ。日経ビジネス電子版も本書も、不特定多数の人が、簡単なデータ分析の結果を読む形式にしている。学術論文のようにデータの詳細や分析手法を細かく記載しているわけではない。

学術論文では、そうした分析の詳細を記載したうえで、さらに同じ分野の研究者が、内容に問題がないかをチェックする査読というプロセスを踏む。査読があるため、どんなに刺激的な結果であっても、それは研究成果として扱われ、炎上することはほとんどない（もっとも、ねつ造された論文の場合は別だ）。

しかも学術論文は、特定の研究者が読むだけで、内容が広く世の中に伝わることはほとんどない。

これが本書のまさに限界であり、本書の内容に興味をもった方は、ぜひ、関連する学術論文にも当たってほしい。そこにはさらに深いデータと考察があり、住まいに関する理解をより深めることができる。

インターネットの発達で、ほんの20年前には研究者しかアクセスできなかった学術論文に、どこからでもアクセスできるようになった。J－STAGE、CiNii、Google Scholarといったウェブサイトで簡単に検索でき、多くの論文がpdf形式で読める。

最後になったが、本書の出版に当たってお世話になった方々への謝辞を記したい。

まず、過去の研究を含め、研究環境を用意してくれたリクルート住まいカンパニー、大東建託に感謝したい。これまでの研究の多くは、リクルート住まいカンパニーと大東建託の保有するデータがあったからこそ成り立ったものだ。

また、50歳を超えて学術論文を書き始めた筆者に対して、適宜、適切な助言をいただいた清水千弘氏（現在は一橋大学ソーシャル・データサイエンス研究科教授）と、博士論文の主査を務めてくださった谷口守氏（筑波大学システム情報工学研究科教授）に感謝したい。

そして、願わくは、本書が次の世代の研究者の新たな研究テーマに示唆を与え、読者の住まいに対する願いを実現するものでありたい。

2023年11月　宗　健

参考文献

宗健（２０１４）「民間賃貸住宅における家賃滞納の定量分析」都市住宅学86号
宗健（２０１４）「空き家率の推定と滅失権取引制度」リクルート住まい研究所
宗健（２０１７）「地域の空き家率が家賃に与える影響」日本不動産学会２０１７年度秋季全国大会（第33回学術講演会）論文集
宗健（２０１７）「住宅・土地統計調査空き家率の検証」日本建築学会計画系論文集82巻７３７号
宗健（２０１８）「地域の共同住宅空室率が中古マンション価格に与える影響」日本不動産学会誌32巻1号
宗健（２０１９）「居住満足度の構成因子と地域差の実証分析」都市住宅学会２０１９年学術講演会
宗健（２０２０）「地域の居住満足度と人口増減の関係」都市計画論文集55巻3号
宗健（２０２２）「テクノロジーを地域の暮らしに溶け込ませるために」人工知能学会誌Ｖｏｌ・37Ｎｏ・４
宗健（２０２２）「地域の居住満足度およびシビックプライドと人口増減の関係」日本建築学会計画系論文集87巻７９９号
宗健（２０２２）「街に住み続けたい気持ちの構造〜住みここち調査データを用いた回帰分析およびパス解析〜」都市計画論文集57巻3号
宗健・新井優太（２０１８）「富裕層および団地の集積が家賃に与える影響」都市住宅学会２０１８年学術講演会
宗健・新井優太（２０１８）「住まいが主観的幸福度に与える影響」都市住宅学会２０１８年学術講演会
齊藤誠（編著）『都市の老い―人口の高齢化と住宅の老朽化の交錯―』（第４、５章を筆者執筆、勁草書房 ２０１８）
赤星成子・田場由紀・山口初代・砂川ゆかり（２０１８）「国内文献にみる高齢者のリロケーションに関する研究の現状と課題―リロケーションの理由とリロケーションダメージに着目して―」沖縄県立看護大学紀要第19号
中川雅之（２０１５）「結婚市場としての東京：少子化対策としての地域政策」土地総合研究２０１５年夏号
土井勉・河内厚郎（１９９５）「鉄道沿線における郊外住宅地の開発と地域イメージの形成」土木史研究15巻
町田俊彦（２０１８）「大阪市と東京都特別区の財政比較」専修大学社会科学研究所月報
街の住みここちランキング特設サイト
いい部屋ネット　街の住みここちランキング２０１９〈総評レポート〉
いい部屋ネット　街の住みここちランキング２０２０〈総評レポート〉
いい部屋ネット　街の住みここちランキング２０２１〈総評レポート〉
いい部屋ネット　街の住みここちランキング２０２２
いい部屋ネット　住みたい街ランキング２０２２〈首都圏版〉
いい部屋ネット　街の住みここち&住みたい街ランキング２０２１全国版
ＳＵＵＭＯ　住みたい街ランキング２０２２
２０２２年LIFULL HOME'S　住みたい街ランキング
長谷工アーベスト　プレスリリース

住宅金融支援機構　統合報告書
住宅金融支援機構　償還履歴データ（コアデータ）
全国保証株式会社　統合報告書・ディスクロージャー誌
住宅金融支援機構　２０１９年度民間住宅ローンの貸出動向調査
大竹文雄・白石小百合・筒井義郎（編著）『日本の幸福度　格差・労働・家族』日本評論社（２０１０）
安藤寿康『遺伝マインド―遺伝子が織り成す行動と文化』有斐閣（２０１１）
新井紀子『ＡＩ vs. 教科書が読めない子どもたち』東洋経済新報社（２０１８）
一般社団法人全国銀行協会　銀行カードローンに関する消費者意識調査〈調査結果〉（２０２０・３）
東京都　令和３年度（２０２１年度）第５回インターネット都政モニターアンケート　東京と都政に対する関心
リクルート進学総研　第10回 高校生と保護者の進路に関する意識調査２０２１
大東建託　５回目となる「新型コロナウイルスによる意識変化調査」を実施（２０２１・11）
豊永郁子「（政治季評）貧困は社会的不正義だと思いますか？　政治的立場、分かつテスト」（朝日新聞　２０１９・５・16付）
「『生涯未婚』非正規男性の６割　将来への不安根強く」（日本経済新聞　２０２２・６・８付）
総務省統計局　住宅・土地統計調査
総務省統計局　２０１９年全国家計構造調査
総務省統計局　令和２年（２０２０年）国勢調査
総務省統計局　家計調査報告（貯蓄・負債編）２０２１年（令和３年）平均結果（二人以上の世帯）
国立社会保障・人口問題研究所　日本の世帯数の将来推計（都道府県別推計）（２０１９年推計）
国立社会保障・人口問題研究所　日本の地域別将来推計人口（２０１８年推計）
国土交通省　令和３年度（２０２１年度）住宅市場動向調査報告書（令和４年３月）
国土交通省　消費者向けリースバックガイドブック策定に係る検討会
「住宅のリースバックに関するガイドブック」
国土交通省　令和２年度（２０２０年度）住宅市場動向調査報告書（令和３年３月）
厚生労働省　賃金構造基本統計調査
厚生労働省　令和３年（２０２１年）人口動態統計月報年計（概数）の概況：結果の概要
厚生労働省　令和３年（２０２１年）簡易生命表
文部科学省　平成29年度（２０１７年度）全国学力・学習状況調査を活用した専門的な課題分析に関する調査研究
文部科学省　令和２年度（２０２０年度）家庭教育の総合的推進に関する調査研究～家庭教育支援の充実に向けた保護者の意識に関する実態把握調査～
文部科学省　学校基本調査―令和３年度（２０２１年度）　結果の概要―
独立行政法人国民生活センター　高齢者の自宅の売却トラブルに注意
内閣官房　デジタル田園都市国家構想実現会議

宗　健　そう・たけし

麗澤大学 未来工学研究センター教授　AI・ビジネス研究センター長
博士（社会工学）・ITストラテジスト。1965年北九州市生まれ。1987年九州工業大学卒、（株）リクルート入社。「ForRent.jp」「R25式モバイル」等の編集長などを経て、2006年（株）リクルートフォレントインシュア代表取締役社長。2012年リクルート住まい研究所長、2017年筑波大学大学院システム情報工学研究科（博士後期課程）社会工学専攻（早期修了プログラム）修了。大東建託賃貸未来研究所長・AI-DXラボ所長を経て、2023年4月より現職。専門分野は都市計画・組織マネジメント・システム開発など。

持ち家が正解！
賃貸vs.購入論争　データを見れば答えは出ている

2023年11月13日　　第1版第1刷発行

著　者　　宗 健
発行者　　北方 雅人
発　行　　株式会社日経BP
発　売　　株式会社日経BPマーケティング
〒105-8308　東京都港区虎ノ門4-3-12
装幀・本文デザイン　　中川 英祐（トリプルライン）
作　図　　中澤 愛子
印刷・製本　　図書印刷株式会社

本書籍に関するお問い合わせ、ご連絡は下記にて承ります。
https://nkbp.jp/booksQA

カバーイラスト／Keko-Ka-stock.adobe.com
本文イラスト／hana-stock.adobe.com　　本文写真／Yeti Studio-stock.adobe.com
ISBN 978-4-296-20350-5 Printed in Japan